マックス・ウェーバーを読む

仲正昌樹

講談社現代新書
2279

マックス・ウェーバー Max Weber（1864—1920年）
ドイツの社会学者・経済学者。近代社会学の重鎮として著名。
プロイセン王国エルフルトに生まれる。
父は政治家、母は上流階級出身の敬虔なプロテスタント。
『プロテスタンティズムの倫理と資本主義の精神』で
「資本主義的蓄積」はプロテスタントの倫理から生じたと論じ、
多くの議論を引き起こす。
また社会科学一般に対する方法論に関する研究も主要な業績。
主な著書に『職業としての学問』『職業としての政治』
『宗教社会学論集』『社会科学と社会政策にかかわる認識の
「客観性」』などがある。

マックス・ウェーバーの生家

1894年、妻マリアンネと

目次

第三章　社会科学の方法論
――『社会科学と社会政策にかかわる認識の「客観性」』と『社会学の基礎概念』をめぐって

序

「知識人」の理想

かつて日本の大学には、社会科学系の学問を真剣に学ぼうとする学生であれば、絶対に読んでおくべき古典テクストの共通定番のようなものがあった。その中に、マックス・ウェーバー（一八六四―一九二〇）の『プロテスタンティズムの倫理と資本主義の精神』（一九〇四／〇五、二〇）があった。

ウェーバーは「社会学者」として知られており、このテクストも、通常は、社会学の古典と位置付けられるが、タイトルが語っているように、宗教学、倫理学、経済学的な内容を多く含んでいる。また、プロテスタンティズムと資本主義の歴史的繋《つな》がりを研究しているので、歴史学的な要素を多く含んでおり、西洋史の古典として位置付けられることも少なくない。その歴史には、法や政治などの制度的な問題も含まれてくる。

ウェーバーは、内面的信仰の問題である「プロテスタンティズム」と、経済的な投資・生産の様式である「資本主義」という一見、何の接点もなさそうな二つの事象を、「世俗内禁欲」というキー概念によって巧みに結び付けたうえ、この概念を軸にして、ルターの聖書翻訳、カルヴァンの恩寵論、ピルグリム・ファーザーズの信仰、フランクリンの貨幣論……など、西欧近代を特徴付ける様々の重要な出来事や人物が登場する、一つの大きな物語を描き出していく。

ウェーバーのその他の日本でもよく知られ、文系知識人の古典・教養として読まれた著作として、『職業としての学問』（一九一九）と『職業としての政治』（一九一九）を挙げることができる。いずれも講演を文章化したものなので、比較的簡潔で読みやすいが、近代市民社会における「学問」や「政治」が担っている機能についての独自の見方を、様々な学問分野の知見によって肉付けしながら一貫した論理によって展開し、最終的に具体的な提言へと繋げている。

因《ちな》みに、『職業としての政治』は、二〇一〇年一一月の参議院予算委員会で、仙谷由人《せんごくよしと》官房長官（当時）（一九四六―　）が、「暴力装置でもある自衛隊」と発言して物議を醸した際、「暴力装置」という表現の典拠であるということがマスコミでも少しだけ話題になった。このことは、一昔前の知識人や学生にとって、ウェーバーの影響が大きかったことを象徴しているのかもしれない。

ウェーバーのテクストの多くには、方法論的な厳格さと共に、分野横断性、物語性、メッセージ性が兼ね備わっている。この四つを兼ね備えた文章を書くことは難しい。そういう文章を書けることは、「知識人」の理想である。この場合の「知識人」というのは、自らの専門知の枠内に留まることなく、社会が直面する様々な問題をめぐる学際的な議論にコミットし、アカデミズムの内外に知的インパクトを与える、学識経験者というような意味合いである。

知識人や文系学者の憧れの対象ということで言えば、マルクス（一八一八―八三）もまたそうだった。哲学、経済学、社会学、歴史学、文学等におけるマルクスの影響は圧倒的だった。ただ、マルクスの理論が、階級闘争を中心に歴史と社会の動向を見る特殊な世界観に依拠しているため、マルクス主義系の社会変革運動にコミットしている人やシンパシーを抱く人には極めて魅力的である反面、大前提を受け入れていない人にとっては、偏ったイデオロギーに基づく疑似宗教的な理論に見える、という両面性があった。各人の政治的立場を離れて、マルクスを評価するのは難しかった。

左右の対立の焦点になり続けたマルクスと違って、ウェーバーは、立場の違いを超えて、学問的な客観性を探究した、手堅い学者というイメージが強い。無論、学者が中立的なポーズを取っただけで、あらゆる既存の価値、イデオロギー、世界観から解放されて、〝一段高い〟ところから、物事を見渡せるようになるわけではない。ウェーバーは、人間にとって、自らが身に付けた価値観を離れて物事を見ることの困難さを強く意識していた。だからこそ、自らの拠《よ》って立つ価値観を認識し、それに無自覚的に引きずられないよう、自らの立脚点を常に批判的に検証し、「客観性」を追究し続けることを、学者の使命と考えた。

そこが——階級的立場に起因する党派性を積極的に肯定したマルクスとは異なる——ウェーバーに固有の魅力である。実践的な問題に関心はあるものの、イデオロギー闘争とは一定の距離を取り、理論的な考察を深めたい学者の多くが、「理論」と「実践」の間の緊張感を保とうと苦心し続けるウェーバーのスタイルに惹かれた。

知識人や学者の知的権威自体が決定的に凋落《ちょうらく》し、「教養」という言葉が空洞化している今日にあっては、そうしたウェーバーの魅力はなかなか伝わりにくくなっている。「ウェーバーこそ、学者の目指すべき目標だ！」と大学教師が教壇で語っても、学生たちは、

「学者」というのがそれほど大したものだとは思っていないので、聞き流す。学校の朝礼で校長先生が語る偉人伝の一種のようなものとしか感じないだろう。

古典を読む

そこで本書では、ウェーバーの主要著作で、かつて社会科学系の共通古典と見なされていたもの、かつ邦訳が手に入りやすいものを何冊か取り上げ、その面白さを紹介してみたい。それぞれのテクストがどのような意味において知的に刺激的なのか、これから学者になろうとしている人、あるいは、少なくとも、学問と本格的に取り組もうとしている人の目線、言ってみれば、「学者の卵」目線で読んでいきたい。

こういう言い方をすると、学者になろうと思ったことなどない〝一般読者〟には、お高くとまっているように聞こえるかもしれないが、これは、学術的なテクストを読む際の基本的な態度である。哲学であれ社会学であれ歴史学であれ、ほとんど全ての学問ジャンルの古典的テクストは、自分自身も、「学者」としてこれから同じような種類の研究に取り組むつもりになって読まないと、本当の魅力は分からない。そういう姿勢なしに読んでいくと、細かいことに妙に拘《こだわ》る、神経質な人の観念の遊戯にしか見えなくなる——そのテクストの著者が偉大な人であるという先入観から、分かりもしないのに感動したつもりになる人もいるが、それはそれで困ったことである。本当に職業的に学者になる意志はなくても、読んでいる間だけは、「学者の卵」になったつもりで細部に拘りながら読み進めていかないと、本当の意味で、古典を「読んだ」ことにはならない。

古典を紹介するやり方として、「この作品には、現在日本社会が直面している危機状況にも当てはまるアクチュアリティが……」式のステレオタイプな言い方がある。そういうのをウリにする古典紹介本が最近やたらと増えている。しかし、そういう〝一般読者〟を過剰に意識した安易なサービスは、テクストの価値を伝え損なうことにしかならない、と私は思う。すぐれた古典を読めば、読者がそこから学んだ物の見方を、自分の目の前の状況に当てはめてみたくなるのは当然だが、それを紹介者自身が大道芸的にやってみせる必然性はない。〝現代日本の直面している課題〟に対する〝答え〟を手っ取り早く知りたかったら、西欧の古典ではなく、時事ネタ本を読むべきである。古典は、予言の書ではない。

ウェーバーは、二〇世紀初頭のドイツの社会学者である。当然、同時代のドイツの問題関心に即して議論を展開している。それを直接的に日本の現状に当てはめて、何か教訓めいたことを言おうとするのは、牽強付会《けんきょうふかい》にすぎない。我々が彼から学ぶべきは、学問的な問題提起や分析のための方法論、論述のスタイルであって、予言や思想宣伝のためのテクニックではない。

言うまでもないことだが、本書は、古典としてのウェーバーへの入門書であって、それ以上でも以下でもない。ウェーバー理論の本質、あるいは、彼が真に目指したものは何かということをめぐる〝専門家〟同士の議論に立ち入るつもりはない――近年、日本の〝ウェーバー専門家〟の間で、相手方の学問的資質を問題にする、ねちっこい〝論争〟が行われたが、それはウェーバー理解を深めるという点ではほとんど生産性がなかったと思う。個々のテクストを淡々と紹介しながら、ウェーバーの着眼点のユニークさ、概念枠組みの精緻さを指摘していきたい。具体的には、以下のような構成になる。

第一章　宗教社会学
――『プロテスタンティズムの倫理と資本主義の精神』をめぐって
第二章　ウェーバーの政治観
――『職業としての政治』と『官僚制』をめぐって

第三章　社会科学の方法論
――『社会科学と社会政策にかかわる認識の「客観性」』と『社会学の基礎概念』をめぐって

第四章　ウェーバーの学問観
――『職業としての学問』をめぐって

本書が、学問をするうえでの「古典」や「教養」の重要さについて再考する一つのきっかけになれば幸いである。

第一章　宗教社会学

――『プロテスタンティズムの倫理と資本主義の精神』をめぐって

「プロテスタンティズム」と「資本主義」

内的必然性の具体的繫がり

『プロテスタンティズムの倫理と資本主義の精神』は、一九〇四年から〇五年にかけて『社会科学及び社会政策雑誌』に掲載された後、ウェーバー自身による大幅な加筆・訂正を経て、彼の死後刊行された『宗教社会学論集』第一巻（一九二〇）に収録されている──本書では、二〇年の改訂版に即して、内容を紹介していくことにする。二〇世紀初頭のドイツで書かれたわけである。

一九〇四／〇五年というのは、一八七一年に成立したドイツ帝国（第二帝政）が様々な政治的・文化的闘争を経て安定し、ドイツ経済が鉱工業や化学工業を中心に急成長し、それまでヨーロッパの最先端にあった英国の経済的地位を脅かすようになった時期である。資本主義が発達したドイツは、市場を求めて帝国主義的拡張政策を展開するようになり、既に多くの植民地を獲得していた英国やフランスと対立するようになった。こうしたドイツの〝繁栄〟は、その裏面として、ドイツ社会全体が大きく変動し、伝統的な共同体や文化が解体しつつあること、強い絆や明確な価値観を持たず、どこに流されていくか分からない大衆が多数派となる大衆社会が到来したことを含意していた。

本書の「序」で既に述べたように、宗教であるキリスト教の内部改革運動としての「プロテスタンティズム」と、経済的な生産様式である「資本主義」の関係を直接的に結び付けている、この本のタイトルはかなり奇妙である。どんなに敬虔《けいけん》なキリスト教徒であっても、生身の人間である以上、経済と一切関わりを持たないで生きることができないのは当然のことであり、経済的理由から信仰をねじ曲げてしまう聖職者がいるというのもよく知られていることである。しかし、「プロテスタンティズムの倫理」と、「資本主義の精神」という二つのフレーズの組み合わせは、そうした表面的な繋がりではなく、内的必然性のある具体的な繋がりを示唆しているように見える。

では、両者はどのように繋がっているのか。この本の第一章の冒頭でウェーバーは、以下のように述べている。

さまざまな種類の信仰が混在している地方の職業統計に目をとおすと、通常つぎのような現象が見出される。それはドイツ・カトリック派会議の席上や同派の新聞、文献の中でたびたび論議されていることだが、近代的企業における資本所有や企業家についてみても、あるいはまた上層の熟練労働者層、とくに技術的あるいは商人的訓練のもとに教育された従業者たちについてみても、彼らがいちじるしくプ、ロ、テ、ス、タ、ン、ト的色彩を帯びているという現象だ。（大塚久雄訳『プロテスタンティズムの倫理と資本主義の精神』岩波文庫、一九八九年、一六頁）

日本で生活している我々にはピンと来にくい話だが、ドイツのキリスト教は、カトリックとプロテスタントに大きく分かれる。全体としてはプロテスタント、特にルター派が多いが、南部のバイエルン地方などはカトリックの割合が高い。プロイセン王国を中心としてドイツ諸邦が統一され、第二帝政が成立した直後、宰相ビスマルク（一八一五―一八九八）が、皇帝よりもローマ法王に従う可能性のあるカトリック教会の影響を削《そ》ごうとして「文化闘争」を仕掛けたことが知られている。

カトリックとプロテスタントでは、教義や教会での儀礼が異なるので、信者のライフスタイルも異なってくるのは当然だが、ウェーバーはそれが経済生活に対する態度の違いを生み出し、プロテスタントの方が資本主義と親和性があるのではないかという仮説を提示しているわけである。一般的に、古い儀礼や教義、教会組織を重視するカトリックよりも、そうしたものを否定するところから出発したプロテスタントの方が、自由な経済活動を許容しやすいというのは、ウェーバーに指摘されるまでもなく、十分に想像できることである。一九世紀後半に第二次産業革命と資本主義をリードしたアメリカ、イギリス、ドイツはプロテスタント人口が多い国家である。

ベンジャミン・フランクリンの言葉

ウェーバーは、プロテスタントと資本主義の発展の繋がりを示唆するデータをいくつか挙げた後で、両者の本質的な繋がりを明らかにすべく、「資本主義の精神 Geist des Kapitalismus」という作業概念を導入する。彼は、この「精神」を典型的に体現している歴史上の人物として、アメリカの建国の父の一人で、凧を用いた実験で雷の正体が電気であることを発見した自然科学者でもあるベンジャミン・フランクリン（一七〇六―九〇）の言葉を史料として引き合いに出している。フランクリンには、日本でもよく知られている「時は金なり」という有名な格言があるが、この言葉はもともとの文脈では労働と貨幣の関係を問題にするものだった。

時は金なりということを忘れてはいけない。一日の労働で一〇シリング儲けられるのに、外出したり、室内で怠けたまま半日過ごしたりするのであれば、たとえ娯楽や怠惰のために六ペンスしか支払っていないとしても、それを勘定に入れるだけではいけない。本当はその他に、五シリングを支払っているか、あるいは捨てているのだ。

シリングはかつての英国の貨幣単位で、一ポンド＝二〇シリング＝二四〇ペンスであった。フランクリンは、娯楽などのためにごくわずかの金額しか使っていないとしても、働かなかったら、その分労働の対価として得られた貨幣を失っていることになるのだから、そのことを意識すべきだと言っているのである。これは、けちな発想にすぎないようにも思えるが、見方を変えれば、無駄な時を過ごせば、自分でも気づかないうちに多くのもの――金銭換算するとかなり多額に上るもの――を失っている可能性があることを示唆して戒める、道徳的なメッセージを含んでいるようにも取れる。金という視点からの勤勉の勧めである。

フランクリンにはこの他、「信用は金だ（credit is money）」、という格言もある。これは、金をめぐる人間関係についての道徳的メッセージを含んでいる。

信用は金であるということを忘れてはいけない。誰かが、支払い期日が過ぎてからもその貨幣を私の手元に残しておいてくれるとすれば、私はその貨幣の利息を、あるいはその期間中にそれで出来るものを彼から与えられたことになる。大きな信用を十分に利用したとすれば、それは少なからぬ額に達するだろう。

貨幣が交換媒体になっている社会、特に——投資を通して増殖する——「資本」を中心に生産が組織化されている資本主義社会では、「貨幣」は常に利子、あるいは、投資に伴う利益を生み出すポテンシャルを持っている。金を貸すことは、相手にそのポテンシャルを利用する機会を与えることである。相手を「信用」し、一定期間無利子で金を貸したままにする人がいるとすれば、その人はその特定の相手に対し、その期間金が生み出すはずの利益を与えていることを意味する。与えられた相手は、当然、それに応えて、その金を最大限に活かす努力をすべきだろう。資本主義社会では、「信用」は貨幣という具体的で目に見える形で現れ、評価されるのである。

貨幣と信用

もう少し根本的なことを言えば、「信用 credit」という金融用語が象徴しているように、資本主義社会では、「貨幣」を介して、人間相互の「信用」が形成される。たとえ当人たちが意識していなくても、金を貸すという行為は、「信用」を前提としている。契約によって「信用」を供与された人は、その金で利潤を生み出し、利子と共に返済できるように働く責任を負うことになる。

従って、貨幣を大事にする人は、「信用することができる kreditwürdig」立派な人であり、自分の資本を増加させることを自らの目的として追求するのは、各人の義務だということになる。資本主義社会に浸透している、こうした倫理的（ethisch）な色彩を持つ生き方の原則、エートス（Ethos）こそが、「資本主義の精神」だと考えられる。この意味での「資本主義の精神」が、プロテスタンティズムの教義や倫理と結び付いているというのが、この著作を通してウェーバーが証明しようとしていることである。〈credit〉の語源であるラテン語の動詞〈credo〉は、「信じる believe」という意味である。「信じる」という営みは、「信仰」もしくは「信念」に通じる。

ウェーバーは、「資本主義の精神」に対応するプロテスタンティズムの教理として、カルヴィニズムの「職業」観に注目する。フランクリン自身は、人格神ではなく、自然界の法則性のようなものを神として信じる理神論の信奉者であったが、彼の父はカルヴィニストで、カルヴィニズムに独特の「職業」観を持っていたという。

カルヴィニズムは、フランス生まれで、ジュネーヴを拠点として活動した神学者カルヴァン（一五〇九―六四）によって確立されたプロテスタントの教義で、絶対的な神中心主義、聖書の権威の強調、全ての人間は堕落しているとする全的堕落説、救われる者と救われない者が予め定められている二重予定説などを特徴とする。ベンジャミンの父は、カルヴィニズムの教えに基づいて、「職業」を神から与えられた使命と考えていた、という。それは、「職業 Beruf」において大きな実績を上げることができる人は、神から予め「召命 Beruf」されていた、という考え方である――ドイツ語の〈Beruf〉には、「職業」という意味と、「召命」という意味がある。

ここからウェーバーは、カルヴァン派など、プロテスタント諸派に見られる「職業＝召命」観こそが、「資本主義の精神」の根源になったという仮説を立てる。神に対する強い信仰が、近代における資本主義発展の原動力になったとする、かなり逆説的な仮説である。

労働と利殖

キリスト教と利潤追求

プロテスタントの「職業＝召命」観と、「資本主義」の結び付きが逆説的に見えるのは、「資本主義」が、単に各人が職業に勤《いそ》しむことを奨励するだけでなく、職業によって得られた金を蓄えたうえで、「資本」として投資して、利潤を獲得することを本質としているからである。つまり、金儲けを目標として設定しているわけである。こうした利潤追求は、キリスト教の伝統的な教えと対立するように思われる。

キリスト教には、利潤追求を卑しいことと見なす考え方がある。特に利子を取って金を貸す金融は、キリスト教の教義では禁止されていた。旧約聖書の『出エジプト記』や『申命記』で、神はイスラエルの民に対して、自分の同胞に利子を取って金を貸すことを禁じている。中世イタリアの神学者トマス・アクィナス（一二二五頃―七四）なども、利子は神の摂理に反するという見解を示していた。無論、中世にも金融業者など、利潤追求に従事する人たちはいたが、彼らは自らの行為が教会の教えに反するのではないか、来世にとって良くないことではないかと恐れ、教会への寄進などによって許されようとした。利潤追求は、寛容されているにすぎなかった。そのため非キリスト教徒であるユダヤ人が金融の主たる担い手になった。

そのようにして道徳的に危険視されてきた利潤追求を、積極的な意味のある行為へと転換させるきっかけになったのが、ルター（一四八三―一五四六）の宗教改革と共に生まれてきた「職業＝召命」観である。ウェーバーは、この新しい道徳思想の本質を以下のように要約している。

> 次の一事はさしあたって無条件に新しいものだった。すなわち、世俗的職業の内部における義務の遂行を、およそ道徳的実践のもちうる最高の内容として重要視したことがそれだ。これこそが、その必然の結果として、世俗的日常労働に宗教的意義を認める思想を生み、そうした意味での天職（Beruf）という概念を最初に作り出したのだ

った。つまり、この「天職」という概念の中にはプロテスタントのあらゆる教派の中心的教義が表出されているのであって、それはほかならぬ、カトリックのようにキリスト教の道徳誡を》praecepta《「命令」と》consilia《「勧告」とに分けることを否認し、また、修道士的禁欲を世俗内的道徳よりも高く考えたりするのでなく、神によろこばれる生活を営むための手段はただ一つ、各人の生活上の地位から生じる世俗内的義務の遂行であって、これこそが神から与えられた「召命」》Beruf《にほかならぬ、と考えるというものだった。（前掲書、一〇九―一一〇頁）

「資本主義の精神」の発展

「命令」と「勧告」というのは、カトリックの教義における神の法に関する区分で、前者が、モーゼの十戒のように万人が従うべきものであるのに対して、後者は、余分の功徳を積んで霊的に完成しようとしている特別の人にだけ適用されるものである。具体的には、修道士や修道女による、所有物を持たないという意味での「清貧 paupertas」、結婚しないで貞操を守るという意味での「貞潔 castitas」、修道院の目上の者に従うという意味での「従順 oboedientia」から成る。

プロテスタントは、修道士だけを特権視するこの区別を否定したが、単純に「勧告」を切り捨てたわけではなく、修道士たちが行っていた禁欲生活——分かりやすく言えば、修行——に相当するものを、世俗の職業労働のうちに見出そうとした。つまり、職業労働に励むことこそが、キリスト信者にとっての真の修行だと考えるようになったのである。

周知のように、ルターは教会や聖職者を特権化するカトリックの教義に反発し、信仰において全ての信者は平等であるとする万人司祭説を唱えた。彼は、修道士たちのような生き方は全く無価値だと見ていた。むしろ現世の義務から目を背けているという意味で利己的で、愛の欠如を示しているとさえ考えた。そして、それとの対比で、世俗の職業労働こそ隣人愛の現れであると示唆した。

しかし、ルターは職業労働を、資本主義的な貨幣の獲得や事業の拡張に結び付けるような新たな倫理を確立するには至らず、各人は神から一度与えられた職業にそのまま留まるべきだとする伝統主義的な見方へと傾いていった。人々が生まれ育ちによって規定される職業に留まり続けるのが良いとすれば、封建的な身分・職業秩序が肯定されることになり、自由な利潤追求を通して人々が自らと社会の現状を変容させていくことを含意する「資本主義」とは相容れない。単なる〝神の御心による勤労の勧め〟と、「資本主義の精神」の間には大きな隔たりがある。

資本主義に繋がる新たな職業倫理を確立し、利潤追求を神学的・倫理的に正当化したのは、ルターより一世代後のカルヴァンである。職業倫理に関してカルヴァンの教えの影響を受けた、広い意味でのカルヴィニストたちが、「資本主義の精神」を発展させたのである。

このように、単純に「職業＝召命」観を、「資本主義の精神」の起源と見なすのではなく、その中身を精査し、現状肯定的なルターの職業観と、変革的なカルヴァンのそれとを概念的に区別することによってウェーバーは、自らが証明しようとしていることの焦点を鮮明にしているわけである。一見おおざっぱな話をしているようで、次第に細かい論点へと絞り込んでいって、厳密な論証へと仕立て上げていくところに、ウェーバーの論述の魅力がある。

カルヴィニズムにおける「個人」

内面的孤独化

カルヴィニズムの教義の中でウェーバーが注目するのは、神の恩恵による選びの教説（予定説）である。これは、人間のうちで誰が救われ、誰が永遠の滅亡の状態に留まるかは予め神の意志によって永遠の昔から決められており、人間がどうあがこうと、予定を変更することはできない。救いは、神の恩恵のみによって既に決まっているのであって、人間の行為は関係ない。

しかし、そうだとすると、カルヴィニズムは、人々を社会的に努力させるのではなく、やる気をなくさせる教えなのではないか、と思えてくる。努力して精一杯社会の発展に貢献しても、結果は変わらないと分かっているのであれば、やる気が出なくなるのではないか？　普通に考えれば、職業倫理の形成とは逆の方向に働きそうに思えるが、ウェーバーは、その予定説が、「資本主義の精神」を生み出した、という逆説的な説明を試みる。

この悲愴な非人間性をおびる教説が、その壮大な帰結に身をゆだねた世代の心に与えずにはおかなかった結果は、何よりもまず、個々人のかつてみない内面的孤独化の感情だった。宗教改革時代の人々にとっては人生の決定的なことがらだった永遠の至福という問題について、人間は永遠の昔から定められている運命に向かって孤独の道を辿らねばならなくなったのだ。誰も彼を助けることはできない。牧師も助けえない、——選ばれた者のみが神の言を霊によって理解しうるのだからだ。(前掲書、一五六頁)

この箇所でウェーバーが強調しているポイントは、「孤独化 Vereinsamung」である。プロテスタントの信仰の世界では、自らの魂の救いについて、聖職者や教会に依存することはできず、基本的には自ら探究するしかない。特に、予定説を取るカルヴィニズムにおいては、自分が救われるかどうかは既に決まっているので、呪術的な儀礼を行ったり、他の誰かに助けを求めたりしても意味がない。聖職者らの前で、懺悔することにも意味がない。

こうした意味での「孤独化」は、教会が人々の生活に干渉し、日常の様々な振る舞いや対人関係に細かく指針を与えていた、中世的な伝統を解体し、人々の精神的自立化を促すことになる。それは、人々を呪術的なものから解放し、自らの頭で合理的に思考して、自分の生活を設計するよう促すことを含意する。「脱呪術化 Entzauberung」は、ウェーバーの近代化論のキーワードである。カルヴィニズムは、宗教改革と密接に結び付きながら進行した脱呪術化＝近代化の過程と親和性のある信仰の在り方であったわけである。

では、「脱呪術化」されつつある世界において、「孤独」に生きることを強いられたカルヴィニズムの信徒は、日々の生活の中でどのような態度を取るべきか。カルヴィニズムは、自分の内面に閉じこもって、ただひたすら神に祈ることや瞑想に耽ることを勧めたりはしない。それによって、救われるわけではない。その逆に、社会的に有意義な活動をすることを奨励する。それが、神が望むところだからである。

> 現世にとって定められたことは、神の自己栄化に役立つということ——しかもただそれだけ——であり、選ばれたキリスト者が生存しているのは、それぞれの持ち場にあって神の誡めを実行し、それによって現世において神の栄光を増すためであり——しかも、ただそのためだけなのだ。ところで、神がキリスト者に欲し給うのは彼らの社会的な仕事である。それは、神は人間生活の社会的構成が彼の誡めに適《かな》い、その目的に合致するように編制されていることを欲し給うからなのだ。カルヴァン派信徒が現世においておこなう社会的な労働は、ひたすら》in majorem gloriam *Dei*《「神の栄

光を増すため」のものだ。だから、現世で人々全体の生活のために役立とうとする職業労働もまたこのような性格をもつことになる。(前掲書、一六五―一六六頁)

神の栄光

自分が救われるかどうかは、神によって既に定められているのだから、それを確認しようと躍起になっても仕方がない。カルヴィニズムの信徒は、そこに拘るよりも、神の栄光のために実践しようとする。言い換えれば、神の意志が絶対であり、被造物である人間にはそれを左右することはできない以上、その意志に関して疑問を抱いて逡巡《しゅんじゅん》したりせず、むしろ積極的にその実現の道具になろうとする。神の栄光を現す道具であることに、自らの存在意義を見出そうとするということだ。もし自分が道具として、神の意志の実現に少しでも貢献していることに確信を持つことができれば、それは間接的に、自らが(神の道具として)選ばれていることの証拠であると見ることもできる。要は、思い悩まずにとにかく実践することで、自分のやっていることに確信を持つよう、自分自身を仕向けるわけである。

そうした信仰観を持つカルヴァン派の信徒は、社会的に有意義な労働、隣人たちのためになる労働に従事しようとする。「労働」を通して、社会的価値が生み出されることが、神の栄光を現すことになるのである。人間の具体的な労働の成果が、神の栄光を現すというのは、世俗的な労働に積極的な価値を認めなかったカトリシズムとは対極的な考え方である。内面においては、神に全面的に委ねる態度を取る一方で、神の栄光の現れとしての労働を重視するのが、カルヴィニズムの特徴である。各個人の神に対する信仰の強さを、労働に反映させる思考回路を備えているわけである。これは、「資本主義」を発展させるうえで有利な考え方である。

近代社会思想における「労働」

市民の自由がテーマ

ここでウェーバーのテクストの文脈から少し離れて、近代の社会思想において「労働」がどのように位置付けられてきたかを簡単に確認しておこう。古代のギリシア・ローマでは、人々の生活を支える営みとしての労働、特に直接身体を駆使する肉体労働は、奴隷などが従事すべき卑しい営みと見なされた。キリスト教の影響が強かった中世では、先に見たように、被造物であり、罪人でもある人間には自ら価値を生み出すことはできないという考え方があったため、労働それ自体に固有の意義が認められることはなかった。

「労働」に最初に明確な哲学的な意義を与えた近代の思想家は、イギリス経験論の元祖で、社会契約論に抵抗権の概念を導入したことで知られるロック（一六三二—一七〇四）である。彼は、「労働 labour」という形で人が自然物に働きかけ、それに自らの「固有性 property」を刻印することが、「所有 property」の起源であるとする議論を展開した。例えば、木と石を使って斧《おの》などの道具を作り出した人は、その道具の所有者になる。荒れ地を耕して畑にした人は、その畑の所有者になる。「自然状態」に生きている人々の間でも、「労働」に基づいて「所有権」が確定するので、人々の間で物をめぐる闘争が延々と続くことはない。

これは、「自然状態」にある人々は、（他者の生命や身体を含めて）あらゆる物をめぐって闘争し続けるとする、ホッブズ（一五八八—一六七九）とは対照的な見解である。ロックは更に、政府は、人々の「所有権」を守るために信託された権力であるので、その目的に反して人々の「所有権」を侵害すれば、人々は信託を取り消すことができるとした。それが「抵抗権」の根拠である。ロックは、「労働」と「所有」を市民的政府の存立根拠と見なしたのである。

ロックは神の存在を否定しておらず、宗教の重要性を認めているが、彼の社会契約論は、各人の固有性の発露としての「労働」を積極的に評価している点と、人間が自らを統治する政府を選択する権利を有していることを明示している点で、人間の主体性を前面に打ち出していると言える。ロック以降の英米の政治思想では、労働する主体としての市民たちの自由をいかに保障するかが、最も重要なテーマになる。

古典派経済学の創始者とされるアダム・スミス（一七二三—九〇）は、商品の価値は、それを生産するのに投入された労働時間によって決まるとする「労働価値説」を打ち出した。これは、分業化を通して産業が組織化され、資本主義の基礎が築かれ始めた一八世紀の現実に対応した考え方である。市場における価格形成と、「資本」の蓄積を中心とする経済発展の基本的メカニズムを緻密かつ体系的に描き出し、古典派経済学を完成したリカード（一七七二—一八二三）も、労働時間に対応して市場での交換価値が規定されるとする「労働価値説」を理論の中核に据えた。「労働価値説」は、物の価値は、神や教会ではなく、労働や交換に従事する人たちの意志で決まるという近代的な考え方に対応していると言える。

マルクスの「共産主義社会」

一九世紀中盤以降、次第に勢いを増していった労働運動を社会主義革命へと誘導するラディカルな実践論を構築したマルクスは、スミスやリカードの労働価値説を批判的に継承し、資本主義の論理として転用した。マルクスに言わせれば、「労働」によって価値を生み出しているのは、他ならぬ労働者であるはずなのに、彼らが貧しい生活を強いられ、直接労働していない資本家が利潤を手にしているのはおかしい。それは、「資本」によって「生産」が組織化されている「資本主義」に矛盾があるからに他ならない。

マルクスは、「労働」こそが人間の「類的本質 Gattungswesen」だとしたうえで、労働者が自らの生産物を所有することができないのは、人間性を喪失した状態、疎外された状態に他ならないとする。自ら労働することなく、他者の労働に依存している資本家も、別の意味で、疎外されている。資本主義社会では、全ての人が疎外された状態にある。

そこでマルクスは、社会主義革命によって資本家による搾取を解消し、人々が対等な立場で自発的に協力しながら、生産を組織化する「共産主義社会」を建設すべきことを提唱する。マルクスや彼の盟友であるエンゲルス（一八二〇―九五）によって定式化された唯物史観によれば、人類の歴史の始めには、人々が協力し合いながら労働し、その成果を共有する「原始共産主義社会」があったが、一部の人たちが他人の労働力を利用して生産を行い、その成果を奪うようになった。そこで搾取する階級と、搾取される階級の違いが生じ、後者が前者から自己を解放しようとする階級闘争の歴史が始まった。生産様式の進歩と連動して、階級闘争は進展していく。

資本家階級（ブルジョワジー）と労働者階級（プロレタリアート）が対立する資本主義社会は、階級闘争の歴史の最終段階である。社会主義革命によって階級対立が終焉《しゅうえん》し、それによって高度な科学技術に基づいた生産様式を基盤として「共産主義社会」が再生することになる。そこで人々は、再び「労働」に生の喜びを見出すようになる。

これは見方によっては、「エデンの園」（＝共産主義社会）が失われた後、神と悪魔の闘いが続き、最終的に神側の勝利によって歴史が終焉し、楽園が復活するというキリスト教的歴史観を換骨奪胎した歴史観である。無論、マルクス主義は無神論の思想である。しかも、単なる無神論ではなく、宗教や精神を重視する観念論的な哲学は、ブルジョワジーの支配の道具だとして敵対的な態度を取った。ただ、マルクス主義がそうした態度を取るのは、マルクス主義自体が、キリスト教に取って代わろうとする疑似宗教的性格を持っているからだと言える。金融という形での貨幣の自己増殖を嫌うところも、（カルヴィニズム以前の）伝統的キリスト教と似ている。人間中心主義的な〝疑似〟宗教としてのマルクス主義の価値の中心は、「労働」である。

このように、「労働」は、神ではなく、「人間」それ自体を価値の源泉にしようとする近代の社会思想の系譜において中心的な役割を担ってきたわけである。特に、社会科学の中で最も厳密な方法論を備えているように見える経済学においては、主流派の古典派経済学も、反主流派のマルクス主義派も、宗教的価値観を排除して、「労働」を中心とする理論体系を構築しようとするようになった。

自らも経済学者であるウェーバー――ウェーバーは社会学が経済学や法学等他の社会科学の分野から分岐し始める移行期の学者である――は、「労働」が評価されることになった背景に、カルヴィニズムの教義の影響があったことを指摘することで、「労働」に対する常識的な見方を変えようとしているように見える。「労働」重視は、必ずしも脱キリスト教の徴候であるわけではなく、カルヴィニズムに代表される、新しい信仰の形態なのである。

因みにここで名前を挙げた思想家のうちロックは、ピューリタンの家庭に生まれている。ピューリタンは、カルヴィニズムの影響を受けた英国のプロテスタントのグループで、一六四二年に起こった市民革命（清教徒革命）の中心的勢力であった。信仰の自由を求めてアメリカに渡り、植民地発展の基礎を築いたのはピューリタンである。ウェーバーは、ピューリタンに特に注目している。

「世俗内禁欲」の方法

カルヴィニズムの「合理性」

ウェーバーは、「労働」に従事し、成果を挙げることを重視するカルヴァン派の姿勢を、宗教的に動機付けられた「禁欲 Askese」として捉えようとする。宗教的な「禁欲」というのは、通常、先に見たような、「清貧」「貞潔」「従順」を特徴とする修道士的生活を指すが、ウェーバーは、カルヴァン派の信徒たちは、神の栄光を増すべく、自らの（職業）生活を、一定の方法に基づいて徹底的に合理化する努力を続けるという意味で、「禁欲」的であると見なす。

ウェーバーの認識では、キリスト教的禁欲は元々、東洋の宗教と比べて、明確な方法論を持っているという点で合理的な性格を持っていた——無論、あくまでもウェーバーが知っている範囲での「東洋の宗教」との対比である。カルヴィニズムは、そうした「合理性」を発展的に受け継いでいるのである。

西洋的禁欲は、聖ベネディクトゥスの規律において、すでに無方針な現世逃避と達人的な域の苦行から原理上脱け出て、クリューニー派ではその傾向は一層明白となり、シトー派ではさらに顕著に、最後にイエズス会ではまったく決定的となっている。それは、自然の地位を克服し、人間を非合理的な衝動の力と現世および自然への依存から引き離して計画的意志の支配に服させ、彼の行為を不断の自己審査と倫理的意義の熟慮のもとにおくことを目的とする、そうした合理的生活態度の組織的に完成された方法として、すでにでき上がっていた。そして、修道士たちを——客観的には——神の国のための労働者として訓育するとともに、それによってさらに——主観的には——彼らの霊魂の救いを確実にするものとなっていたのだった。(前掲書、二〇一頁)

「聖ベネディクトの規律」

聖ベネディクトゥス（四八〇頃―五四七）は、中世初期のイタリアの修道士で、ベネディクト会と呼ばれる修道会を創設し、後に様々な修道院の規律のモデルになる「聖ベネディクトの規律 Regula Sancti Benedicti」を規定したとされている。クリュニー会やシトー会は、ベネディクト会内部の改革運動から生まれた修道会で、「聖ベネディクトの規律」に従っており、広義のベネディクト派である。イエズス会は、スペインの修道士イグナティウス＝ロヨラ（一四九一―一五五六）によって、宗教改革に対抗する意味合いで一五三四年に創設された修道会で、大学・学校の創設・運営や、日本など海外への宣教に力を入れている。

ウェーバーが注目しているのは、これらの修道会が、「禁欲」のための修行を各個人の努力や心構え等に委ねてしまうのではなく、生活のサイクルを計画的に規律することで、各人の欲望を効果的に抑え、正しい生活を送れるよう誘導しようとする合理性である。言ってみれば、軍隊や学校などの合理性である。規則正しい集団生活を送るよう訓練された修道士は、神の国のための「訓練された労働者」になるわけである。ベネディクト会の修道生活のモットーは、「祈れ、そして働け ora et labora」だった。
合理的な禁欲生活を通して、自己を鍛え直す姿勢を、プロテスタント側で継承したのが、カルヴィニスト、ピューリタンたちである。無論、カトリックの修道会とカルヴィニストたちでは、後者が合理的な「禁欲」を、世俗において、特に職業生活の中で実践するという点で大きく異なっている。カトリックの修道会が、日常道徳を超えた聖なる生活を実践することを目指すのに対して、カルヴィニズムにおいては、全員が修道士として日常の中で禁欲を組織的に実践しなければならないと考えられた。それをウェーバーは、「世俗内禁欲 die innerweltliche Askese」と呼ぶ。

世俗的日常生活から禁欲が流れ出てしまわないように堰堤《えんてい》が設けられ、かつては修道士の最良の代表者であったあの熱情的に厳粛かつ内面的な人々が、いまや世俗的職業生活の内部で、禁欲の理想を追求しなければならなくなったのだ。ところが、カルヴィニズムはその発展の過程で或る積極的なものを、つまり、世俗的職業生活において信仰を確証することが必要だとの思想をつけ加えた。そして、これによって、宗教的に生きようとする人々の一層広範な層に禁欲への積極的な刺激をあたえ、その倫理の基礎に予定説がおかれるとともに、現世を超えた世俗の外側での修道士たちの宗教的貴族主義に代わって、永遠の昔から神によって予定された聖徒たちの現世〔世俗生活〕内部における宗教的貴族主義が生まれることとなった。しかも、この貴族主義は、character indelebilis（不滅の刻印）によって、聖徒と永遠の昔から捨てられた残余の人類とのあいだを隔てたのであって、両者のあいだにある越えがたい裂け目は、現世から外面的に分離されていた中世の修道士のばあいよりも原理的に一層架橋しがたく、また目に見えないだけに一層恐ろしいものとなった。（前掲書、二〇七頁）

選民意識が培われて

この箇所でのウェーバーの指摘には二つのポイントがある。一つは、カルヴィニズムが、職業を中心とする世俗の生活全体を、「禁欲」の実践の場と見なしたことである。一日の生活全てにおいて自分の欲望を律し、神から与えられた使命＝職業で成果を挙げられるよう、合理的に行動しなければならない。修道士も一日の生活全体を律するが、それは一般社会で生じる様々な面倒や誘惑から隔離された状態での禁欲である。一般社会で生活しているといろいろな誘惑にあって妥協する可能性も大きいが、本気で禁欲生活を送ろうとするのであれば、世俗の方がより高い集中力と克己心が必要とされると見ることもできよう。

しかも、修道院での生活は小規模な組織によって細かく管理されているが、世俗での職業生活は、先に見たように、基本的に「孤独」である。自分自身で自分の欲望を律しながら、自らの職業生活を設計し、成果を挙げねばならない。より多くの努力と工夫が必要になる。

もう一つのポイントは、そうした合理的な禁欲を世俗において実践している信徒たちの間に、「予定説」を前提とした「宗教的貴族主義 die geistliche Aristokratie」、別の言い方をすれば、選民意識が培われるという点である。つまり、自らが立てた計画に従って禁欲生活を続け、労働の成果を挙げることができるということは、自分が神の栄光を現す道具として選ばれていることの傍証になる。それによって信仰は更に強まる。

しかし、そうした「貴族主義」の裏返しとして、自分はひょっとしたら選ばれていないかもしれない、という恐怖感がある。中世のカトリックの修道士の場合、修道院で規律を守って生活していることによって救われる可能性が高まるが、世俗の生活を送っているプロテスタントにとって、救われる者／救われない者を明確に区別できる外的指標はない。

そのうえ、これをやりさえすれば確実に救われる、ということはない。そういう緊張感があるからこそ、カルヴィニストたちは、自分たちこそ選ばれた者であると自らに言い聞かせるように、職業生活に励むことになるのである。

このようにして、信仰心の強いカルヴィニストたちは、単に敬虔な感情を抱きながら生きるだけでなく、職業を中心とする日々の生活で倫理的に振る舞えるよう計画を立てる、「方法意識 Methodik」を身に付けるわけである。彼らは生活全体を徹底的にキリスト教化しようとする。

バクスターの労働観

富への懸念

ウェーバーによれば、カルヴィニズムの諸派の中で、「天職理念 Berufsidee」を最も首尾一貫して基礎付けたのはピューリタンである。英国では、ルターの宗教改革とほぼ同時期に、国王ヘンリー八世（一四九一――一五四七）の離婚問題をめぐって、ローマ法王庁との関係が悪化し、国王を長とする英国国教会が創設された。信仰の問題をめぐって分裂したのではないため、教義や儀礼のかなりの部分がカトリック的なものにとどまっていたし、国王の絶対主義的支配を正当化すべく、王を頂点として組織された教会であることから、一般信徒たちの自由も制限されていた。それに反発して、教会の改革を求めたのが、カルヴィニズムの影響を受けたピューリタンたちである。信徒の多くは、新興のジェントリー（下級地主層）や商工業者たちであったとされる。

ウェーバーは特に、清教徒革命―名誉革命期のピューリタンの指導者リチャード・バクスター（一六一五―九一）に注目する。英国のピューリタンには、英国国教会の枠内にとどまって改革を成し遂げようとする長老派（Presbyterians）、完全に分離しようとする分離派（Separatists）、両者の中間に位置し、地域ごとの教会の自治を主張する独立派（Independents）などに分かれるが、バクスターは長老派に属するとされている。一六六〇年の王政復古の後、六二年に、イングランド内での全ての儀式と式典で聖公会（国教会）の祈禱書を用いることを命じる統一令（Act of Uniformity）が出されたのに伴って、バクスターは追放されるが、新しい会派を作ることなく、独自にピューリタンの教えに基づく説教を続ける。そのため三度にわたって投獄されている。名誉革命（一六八八）

を受けて、翌一六八九年に出された「寛容令 Act of Toleration」によって、ようやく迫害から解放される。

バクスターは『聖徒の永遠の憩い』（一六五〇）や『キリスト教指針』（一六七三）等の著作で、富それ自体は極めて危険なものであり、その誘惑は深刻なものであるとの見解を示している。これは、聖職者が財を投資して、富の獲得に励むことをポジティヴに評価していたカルヴァンとは逆の立場、すなわち、富から遠ざかることを命じる、普通の意味での〝キリスト教的禁欲〟論であるようにも見える。

しかしウェーバーは、バクスターの富に対する懸念の焦点が、どこにあるかを問題にする。バクスターは富が汚れていると考えているというより、富を所有することによって、人々が休息し、怠惰となり、肉体の享楽に耽るようになることを懸念している。それは神の栄光を示すための業を怠ることを意味する。神の栄光を現すのは富ではなく、労働という「行為 Handeln」なのである。従って、労働のための時間を浪費することこそが、最も重い罪だということになる。これは、フランクリンの「時は金なり」の萌芽とも言うべき発想である。職業＝召命のために、与えられた時間を使うことを最重視するバクスターにとっては、無為の状態で黙想（Kontemplation）に時間を費やすこともまた、非難されるべきことである。

摂理的視点からの「経済秩序」理解

労働を勧めるバクスターのテクストの内に、ウェーバーは二つの主題を読み取る。一つは、「昔から試験ずみの禁欲の手段 das alterprobte asketische Mittel」としての労働である。つまり、労働に勤しむことで、肉欲に耽る余裕をなくすということである。修道士たちは、労働することで肉欲を抑え込んだ。夫婦生活を営むピューリタンにとって、当然、「性的禁欲」はそれほど厳しいものではないが、夫婦間の性的営みが許されるのは、『創世記』の冒頭で神より与えられた「生めよ、増えよ」という命令を満たすという目的のためであって、自らの快楽のための性交は許されなかった。性的誘惑に打ち勝つために、節食、菜食、冷水浴等と共に、天職である労働に励むことが奨励されたわけである。

もう一つの主題は、単なる手段ではなく、神が定めた、「人生の目的それ自体 Selbstzweck des Lebens」としての労働である。逆に言えば、労働意欲がないということは、神の恩寵を喪失している、救われない可能性が高い、ということである。

パウロ（五頃―六七頃）は、『新約聖書』に収められている「テサロニケ人への第二の手紙」の三章十節で、「働きたくない者は食べてはならない」、という戒めを与えている。中世の神学では、この戒めにそれほど積極的意味は与えられていなかった。トマス・アクィナスはこの文を、人間の生命維持のためには労働が必要であるという、素朴な意味で理解している。従って、既に財産があって、生活の糧を新たに得る必要がない人は、労働する必要はないことになる。また、神の国における活動の霊的形態である黙想の方が、労働よりも優先されることになる。そればかりか、通常の神学では、修道士の「生産性Produktivität」の最高の形態は、祈禱と聖歌合唱によって教会の宝庫を豊かにすることだとされた。

それに対してバクスターは、神の摂理（Vorsehung）によって全ての人に例外なく天職（Beruf=calling）が与えられているのだから、たとえ財産のある人でも割り当てられたそれぞれの天職における労働に従事しなければならない、と主張する。各人は神の世界計画を実現するために、それぞれの持ち場で働かねばならない。

ウェーバーによれば、この考え方は、「経済秩序der ökonomische Kosmos」を摂理的な視点から理解することを可能にする。分業や職業編制などの経済の基本的仕組みは、神の計画に従って秩序付けられている、ということである。古典派経済学では、自由に経済活動する人々の間での「分業」を通して経済全体のパフォーマンスが向上すると考えるが、バクスターたちピューリタンは、そこに、天職という形で各人を導く神の摂理が働いているという見方をするわけである。

ピュウリタンの実用主義的解釈の図式にしたがえば、職業編制の摂理的目的が何であるかは、その結果によって識別される。この点について、バックスターは自分の見解を詳しく述べているが、アダム・スミスの有名な分業讃美論を直接に想起させる点が少なくない。職業の特化は、労働する者の熟練（skill）を可能にするため、労働の量的ならびに質的向上をもたらし、したがって公共の福祉（common best）に貢献することになるのだが、そのばあい、公共の福祉はできるかぎり多数の人々の福祉ということと同義に解されている。ここまでは純粋に功利主義的な説明であって、当時の世俗的文献にすでに広く見られた諸観点と相通ずるところが多いが、バックスターの次のような発想にはピュウリタニズム独自の特徴が明瞭に現われている。すなわち、彼は論述の冒頭で「確定した職業でないばあいは、労働は一定しない臨時労働にすぎず、人々は労働よりも怠惰に時間をついやすことが多い」と述べ、また、その末尾では「そして彼（天職である職業労働にしたがう者）は、そうでない人々がたえず乱雑で、その仕事時間も場所もはっきりしないのとはちがって、規律正しく労働をする。……だから》certain calling《「確実な職業」——他の個所では》stated calling《「確定した職業」とある——は万人にとって最善のものなのだ」と結んでいる。（前掲書、三〇八—三〇九頁）

「公共の福祉」の増大

ここでポイントになっているのは、各人が自らに適した職に就くことの意味である。各人が、自らに最も適した職業を見出し、それに習熟することによって、社会的分業が発達し、各人・各企業の専門に特化した技術革新が進む。その結果として、「公共の福祉」が増大していく。古典派経済学では、私的利益を追求する各人が、より効率的に利益を獲得すべく相互に協力し合うようになることで、分業体制が達成される、という形のエゴイズムに基づく説明をするのが普通である。それに対して、バクスターは、各人が神から天職として与えられた「確定した職業」に禁欲的に従事することで、労働が合理的で組織化されたものとなり、経済全体に秩序が生まれ、そこに神の栄光が現れる、という摂理的な見方をしているわけである。

周知のようにアダム・スミスは、エゴイストたちの競争を通して市場の秩序が生まれ、「公共の福祉」が増大することを説明するに際して、「見えざる手 invisible hand」の導きという言い方をしている――スミス自身は、「見えざる手」が「神の手」であるとは言っていない。スミスは、個人の意志を超えて、あるいはそれと関係なく秩序を形成する法則が働いていることを比喩的に、「見えざる手」と表現しただけであるが、バクスターは、実際に神が「天職＝召命」という形で各人を導いている、と見ていたわけである。その意味で、バクスターの摂理的見方は、古典派経済学の議論と必ずしも矛盾しない。というよりバクスターは、スミスよりも一世紀前の人間であり、「労働＝所有」論の元祖であるロックよりも更に年長であるので、バクスターに代表されるピューリタン的な「天職」観が、古典派経済学の「労働―分業」論の素地を提供したと考えるべきだろう。

もう一点注目すべきは、摂理的な視点を取りながら「結果」を重視していることである。つまり、神は単に人が一生懸命働くことだけを望んでいるわけではなく、労働の結果として、社会全体の「公共の福祉」が増大することも望んでいるのである。そのため、各人が現在の職業よりもより有益な職業に移ることは、神の目から見て望ましいことである。ピューリタニズムの職業観は、職業選択の自由と両立するのである。職業の有益さの程度、言い換えれば、神の目から喜ばれる程度を決定する要因は、第一に、倫理性、第二に、生産される財の「全体Gesamtheit」に対する重要度、第三に、私経済的な「収益性Profitlichkeit」である、という。バクスターは、収益を上げること自体は、むしろ肯定的に評価していたのである。

> けだし、ピュウリタンは人生のあらゆる出来事のうちに神の働きを見るのであって、そうした神が信徒の一人に利得の機会をあたえ給うたとすれば、神みずからが意図し給うたと考えるほかはない。したがって、信仰の深いキリスト者は、この機会を利用することによって、神の〔天職への〕召命〔コーリング〕に応じなければならない。「もしも神があなたがたに、自分の霊魂も他人の霊魂も害うことなく、律法にかなったやり方で、しかも、他の方法によるよりいっそう多くを利得しうるような方法を示し給うたばあい、もしそれを斥けて利得の少ない方法をえらぶとすれば、あなたがたは自分に対する召命〔コーリング〕の目的の一つに逆らい、神の管理人としてその賜物を受けとり、神の求め給うときに彼のためにそれを用いることを拒む、ということ

になる。もちろん肉の欲や罪のためではなくて、神のためにあなたがたが労働し、富裕になるというのはよいことなのだ」。（前掲書、三二〇頁）

その人が自ら見出した天職によって得られる収益を、神からの賜物と見なして、社会全体に利益をもたらすよう——怠惰に陥ることなく——大事に「管理」するのであれば、その収益によって富裕になることは正当化される。むしろ、そうすることが、信徒としての義務なのである。

ピューリタニズムのジレンマ

「資本」の増殖の正当化

バクスターに見られるように、ピューリタンには、職業労働によって得られる財産を、神や社会の福祉のために「管理」するという考え方があった。これは、無駄遣いを抑えて、資本を蓄積するよう人々を動機付けるうえで有効な教えであった。実業家＝ビジネスマン（Geschäftsmann）たちの行為に倫理的な意味が付与されるようになった。

（……）たゆみない不断の組織的な世俗的職業労働を、およそ最高の禁欲的手段として、また同時に、再生者とその信仰の正しさに関するもっとも確実かつ明白な証明として、宗教的に尊重することは、われわれがいままで資本主義の「精神」とよんできたあの人生観の蔓延にとってこの上もなく強力な槓杆《こうかん》とならずにはいなかったのだ。そして、さきに述べた消費の圧殺とこうした営利の解放とを一つに結びつけてみるならば、その外面的結果はおのずから明らかとなる。すなわち、禁欲的節約強制による資本形成がそれだ。利得したものの消費的使用を阻止することは、まさしく、それの生産的利用を、つまりは投下資本としての使用を促さずにはいなかった。（三四四―三四五頁）

獲得した富を無駄に消費することなく、更なる禁欲的労働と公共の福祉に繋げるには、その富を「資本」として再投下するのが、最も確実なやり方である。この論理によって、「資本」を増殖させること――貨幣資産を増やしていくこと――が、正当化されることになる。従来のユダヤ＝キリスト教の伝統において長年にわたって忌避されてきた営利追求(Erwerbsstreben)が、神の栄光を現す行為と見なされるようになるわけである。

ニューイングランドに入植したピューリタンたちは、より多くの資本を再投資に回すべく節約生活に努めた。植民地建設の最初の世代から既に、会社形態の鉄工所（一六四三）や市場向けの毛織物織布業（一六五九）などが存在し、手工業が高度に発達していた。同じ北米植民地の入植者の中には、自分ではなく、年季奉公人（indentured servants）の労働力によってプランテーションを作って、封建貴族的な生活をしようとした「冒険者adventurers」と呼ばれる人々もいたが、彼らのエートスと、禁欲的なピューリタンのそれは対照的であった。

このようにしてピューリタンの合理的で禁欲的な生活態度が、近代的な「経済人Wirtschaftsmensch」の原型を形成し、資本主義の「精神」を生みだしたわけであるが、いったん資本主義的な利益獲得の仕組みが出来上がると、当然のことながら、信仰や公共の福祉と関係なく、金儲けが行われるようになり、人々が欲望に耽る傾向が生じてくる。実際、ピューリタンの間でもそうした傾向が次第に目立ってきた。堕落が生じると、信仰を復活しようとする信仰覚醒運動が起こってくる。

元々英国国教会の牧師であったジョン・ウェスレー（一七〇三―九一）によって創始され、アメリカで劇的に拡大したメソディスト派（Methodism）の運動も、そうした信仰覚醒運動の代表的なものである。メソディストは、その呼称が示すように、日々の生活を聖書の教えに従って規則正しく送るための「方法method」を確立することを重視するのが特徴である。ウェスレーは、富が増加すると、高ぶりや怒り、現世への愛着が増していき、宗教の精神が消えて行くことに対する懸念を表明する。彼は、勤勉と節約によってより豊かになることから誘惑が生じてくるにもかかわらず、それを信徒たちに勧めざるを得ないというジレンマを感じていた。そこで、「できる限り利得するとともに、できる限り節約する者」は、天国に宝を積むため、できる限り他の人々に与えるべきであると勧告していた。

「鉄の檻」

更に言えば、ピューリタン的な「天職」観は、財の分配の不平等を神の摂理として正当化する可能性があった。資本主義的生産体制が整備されると、資本家（企業家）と労働者に階層が分かれるようになるが、貧しい労働者の存在も、神の摂理に適っていると見ることもできる。そうした見方は最終的には、企業家による労働者の搾取を正当化することにも繋がる。禁欲の教えが、搾取の構造を支えるというのは皮肉な事態である。

問題は、そうしたプロテスタント的倫理の形骸化という次元にとどまらない。ウェーバーは、ピューリタンたちが作り出した経済秩序によって、社会から「自由」が失われつつある、というより根源的な問題も示唆している。初期のピューリタンたちは、国教会と一体の関係にある国家が、独占企業を保護することに反発し、自己の能力と創意に基づく合理的かつ合法的営利を志向するようになった。その意味で、個人主義的である。ピューリタンたちは、国家から付与される特権を基盤とする「商人・問屋・植民地資本主義」に対する激烈な反対者となった。彼らは、古典派経済学に先駆ける形で、政府が市場に介入し、経済活動を統制することに反対する立場を取ったわけである。

しかしながら、ピューリタニズムの倫理と資本主義の精神に従って作り出された合理的な経済秩序の下にある人々は、分業によって割り当てられた天職に禁欲的に従事することと、それに合わせて自らの日々の生活を規律することが義務付けられる。それをネガティヴに捉えれば、各人は生産システムの中に機械の部品のようにはめ込まれ、それから外れて生きることはできなくなっている、ということである。言い換えれば、各人に備わっている様々な可能性を放棄して、システムによって割り振られた一つの役割と同化するということである。資本の下での職業労働を中心にして生活全般、社会全体が規格化されているので、労働と関係ないところで自由に生きようとしても、本当に、自由に活動できる余地はほとんどない。

ウェーバーによれば、そうした人間の「全面性Allseitigkeit」の「断念Entsagung」というテーマは、ゲーテ（一七四九―一八三二）の戯曲『ファウスト』（一八〇八、三三）に端的に現れている、という。（ゲーテの分身とも言うべき）ファウスト博士は、悪魔メフィストフェレスと契約を結んで若返り、様々な冒険や栄華を体験し、自らの人間としてのポテンシャルを全面的に開花させ、欲望を充足させようとするが、人生の最後にその不可能性を悟る――ファウストは、メフィストの力を借りて「貨幣」を発明するが、このことの思想史的な意味については、拙著『貨幣空間』（世界書院）を参照。分業化・合理化された社会に生きる近代人は、古代ギリシア人のような美しい人間性を発展させることを「断念」しなければならないのである。

ピュウリタンは天職人たらんと欲した――われわれは天職人たらざるをえない。というのは、禁欲は修道士の小部屋から職業生活のただ中に移されて、世俗内的道徳を支配しはじめるとともに、こんどは、非有機的・機械的生産の技術的・経済的条件に結びつけられた近代的経済秩序の、あの強力な秩序界《コスモス》を作り上げるのに力を貸すことになったからだ。そして、この秩序界は現在、圧倒的な力をもって、その機構の中に入りこんでくる一切の諸個人——直接経済的営利にたずさわる人々だけではなく——の生活のスタイルを決定しているし、おそらく将来も、化石化した燃料の最後の一片が燃えつきるまで決定しつづけるだろう。バックスターの見解によると、外物についての配慮は、ただ「いつでも脱ぐことのできる薄い外衣」のように聖徒の肩にかけられていなければならなかった。それなのに、運命は不幸にもこの外衣を鋼鉄のように堅い檻《おり》としてしまった。禁欲が世俗を改造し、世俗の内部で成果をあげようと試みているうちに、世俗の外物はかつて歴史にその比を見ないほど強力になって、ついには逃れえない力を人間の上に振るうようになってしまったのだ。今日では、禁欲の精神は——最終的にか否か、誰が知ろう——この鉄の檻から抜け出してしまった。(前掲書、三六四—三六五頁)

ピューリタンの作り出した合理的秩序は、禁欲の精神を喪失したにもかかわらず、依然として人々の生き方を規定し続ける、「鉄の檻 ein stahlhartes Gehäuse」と化してしまったわけである。現代社会では、自己を再生産し続ける「資本」の論理に逆らって、〃自分らしい生き方〃をすることは、極めて困難である。それは、まさにマルクス主義で「疎外」と呼ばれている現象である。ウェーバーは、ピューリタニズムと初期の資本主義の結び付きを分析しただけでなく、それが陥ったジレンマを見据えていたわけである。

「資本主義」の本質をめぐって

「倫理的主体」のあり方

結論部で、「鉄の檻」の問題を指摘していることからも分かるように、ウェーバーはある意味、マルクス主義と近い問題意識を持っていた。自己増殖し続ける資本主義システムに人間が従属し、生き方を規定されるようになった、当時の西欧諸国の状況に疑問を抱いていた彼は、そこからの脱出の可能性を探るべく、「資本主義」の起源を探究した。それはマルクスの原点でもあった。

ただし、唯物史観をベースとするマルクス主義が、もっぱら生産様式の変化という視点から資本主義の生成を含めた歴史発展の法則を描き出すのに対し、ウェーバーは、個々の主体たちの「精神」、それも宗教や倫理によって形成された「精神」の働きを重視する分析を提示しようとした。それによって、〃階級闘争と生産様式の変革による資本主義（的諸矛盾）の克服〃というマルクス主義の戦略とは、別の道を見出そうとした。

無論、「鉄の檻」の支配がほぼ完成しつつあった現代（二〇世紀初頭）の資本主義を基準に考える限り、「精神」の役割を強調するのが困難であることを彼は十分に認識していた。資本主義社会で個人が倫理的に生きようとしても、「鉄の檻」の圧力に勝つことはできない。だからこそ彼は、「鉄の檻」が完成する以前の初期の資本主義に目を向けたのである。

先に参照した、フランクリンに対するカルヴィニズムの影響を論じた冒頭部の記述の少し後で、ウェーバーは資本主義社会における「倫理的主体」のあり方について以下のように述べている。

今日の資本主義的経済組織は既成の巨大な秩序界《コスモス》であって、個々人は生まれながらにしてその中に入りこむのだし、個々人（少なくともばらばらな個人としての）にとっては事実上、その中で生きねばならぬ変革しがたい鉄の檻として与えられているものなのだ。誰であれ市場と関連をもつかぎり、この秩序界は彼の経済行為に対して一定の規範を押しつける。製造業者は長期間この規範に反して行動すれば、必ず経済的淘汰を受けねばならないし、労働者もこの規範に適応できず、あるいは適応しようとしない場合には、必ず失業者として街頭に投げ出されるだろう。
このように、経済生活の全面を支配するにいたった今日の資本主義は、経済的淘汰によって、自分が必要とする経済主体——企業家と労働者——を教育し、作り出していく。（前掲書、五一頁）

人々に共有される「物の見方」

ここで述べられているように、資本主義システムが、企業家と労働者の双方に一定の規範（Norm）を内面化させ、〝自発的〟にそれに従って振る舞う「主体」へと形成し、それによって自己再生産しているのだとしたら、資本主義社会に生きる個人が、新たな規範を作り出すことはほぼ期待できない。しかしウェーバーは、そうしたシステムが出来上がる〝以前〟の状態に注目する。資本主義の特性に適合した生活態度や職業観念が「淘汰 Auslese」――「淘汰」というのは、ダーウィン（一八〇九―八二）の進化論を念頭に置いた表現である――によって選び出されるからには、そうした生活態度や職業観念が予め成立していなければならない。当然、それは個々人の内でバラバラに成立するだけではダメで、一つの「物の見方 Anschauungsweise」として「集団 Menschengruppe」によって共有されていなければならない。

そうした前提に立ってウェーバーは、資本主義システムを支えている職業観念の歴史を解明する必要があると主張する。人々に共有される「物の見方」から、初期資本主義の生成を説明しようとする彼のアプローチは、そうした種類の「観念」は全て、経済的状況の「反映 Widerspiegelung」あるいは「上部構造 Überbau」にすぎないとするマルクス主義と根本的に対立する。

マルクス主義の唯物史観は、宗教、哲学、芸術、法、政治、文化等は、生産様式を中心とする、その社会の経済状況（下部構造＝土台）を「反映」した意識的諸形態であり、後者によって規定されている。例えば、資本主義社会における法は、ブルジョワの所有権や経済活動の自由を保護するように出来ており、政治はブルジョワに有利な統治制度を採用しており、ブルジョワの哲学は労働者の悲惨な現状に目を向けさせないよう観念的な理想を追求し、ブルジョワの文学は非現実的な幻想の世界を描き出す、という風に。そのため、「上部構造」に属する特定の観念に従って、「下部構造」を根本的に変容させるということは考えにくい。

こうしたマルクス主義の論法は、強引ではあるが、(ある程度客観的に把握可能な)生産様式を基準にして、社会の仕組みと歴史の発展を総合的・体系的に説明するので、社会科学にも自然科学的な〝明晰さ〟を求める人にとっては魅力的である。個々の人間の信念とか意志とかを完全に排除して、社会全体を動かしている普遍的法則を捉えているかのような叙述には、説得力があるように見える。そうしたマルクス主義の資本主義観に抗する形で、ウェーバーは、特定の宗派の中で生まれた「天職観念」が、企業家たちの振る舞いに一定の方向性、自らの日常生活と[生産―投資]体制を合理的に規律化しようとするエートスを与え、それが資本主義発展の基礎になったことを、具体的な史料に基づいて明らかにしようとしたわけである。

それは、「資本主義精神」(われわれが想定しているような)は、ベンジャミン・フランクリンの生地(マサチューセッツ)では、とにかく「資本主義の発達」より以前に明白に存在していた(すでに一六三二年ニューイングランドでは――アメリカの他の諸地方に比べて――人々がとくに利益計算に長じていることに非難が加えられている)のに、たとえば隣接の植民地――のちの合衆国南部諸州――などではそうした精神は比べものにならぬほど未成育の状態にあったこと、しかも、その南部の植民地は、営利を目的として大資本家の手でつくられたものだったのに、ニューイングランドの植民地は、牧師・知識人と小市民・職人・ヨウマン〔自営農民〕たちの結合によって宗教的な理由にもとづいて生まれてきたものだった。このようにこの場合には、因果関係は「唯物論」の立場から想定されるものとはともかく逆の関係になっている。ところで、こうした理念の青年期は、一般に、「上部構造」の理論家たちが考えるよりははるかに荊棘《いばら》にみちたもので、その開花は草花のばあいと同じようには行かない。われわれがさきに説明した意味での資本主義精神も、自分を敵とするおびただしい勢力と困難な闘争をやりとげねばならなかった。(前掲書、五二―五三頁)

経済史の中での「観念」の役割

ウェーバーは、観念やそれを核とするエートスが、そのまま現実化し、それらにストレートに対応する秩序を実現できるとか、精神を中心に歴史が動いているなどと考えているわけではない。ウェーバーは、そうした唯心論的（spiritualistisch）な解釈とははっきり一線を画す。様々な――地理的、時代的、文化的――要因が関わってくるので、当事者たちの観念と、経済的な現実の間に捻《ねじ》れがあることを承知のうえで、観念が与えた影響の痕跡を辿っていく。漠然とした論証にならないように、［プロテスタンティズム↓カルヴィニズム↓ピューリタニズム↓ニューイングランドの入植者］と次第に対象を絞り込み、「天職」概念と初期資本主義の結び付きを鮮明にしていく。そうしたウェーバーの巧みな叙述が、マルクス主義に代表される、（疑似）自然科学的な「資本主義」理解に不満な人たちの関心を惹き付けたのである。

因みに、ウェーバーと親しい関係にあり、『社会科学及び社会政策雑誌』を共同編集した社会学者・経済学者のゾンバルト（一八六三―一九四一）も、資本主義の生成における「精神」の働きを重視したことで知られている。『ブルジョワ』（一九一三）では、明示的に反ウェーバー的な精神史を展開している。ただしゾンバルトの場合、「精神」といっても、黄金追求欲、奢侈《しゃし》、ファウスト的な冒険心等のエゴイスティックな要素を重視し、プロテスタンティズム的な禁欲はむしろ資本主義の阻害要因と見なしている。これは、マルクス主義の唯物史観と必ずしも矛盾しない見方であり、ある意味分かりやすい——ゾンバルトは元々マルクス主義者であった。しかし、飽くなき利潤追求の〝精神〟を示す民族的・文化的兆候全般を〝論拠〟にしているので、論点がかなり拡散している。

ウェーバーの「資本主義の精神」論の魅力は、「禁欲」「労働」「営利」という一見すると、互いに異質な三つの要素が、歴史の特定の局面で連動し、資本主義発展の契機になったことを、「天職」概念を軸にしてピンポイントで追跡したこと、そして、それによって経済史の中で（倫理的な）「観念」が担っている役割を探究する方法論を示したことにある。それは間接的に、特定の倫理的規範に従おうとする人間の主体性に対する期待に繋がる。

一九一一年以降、ウェーバーは古代ユダヤ教、ヒンドゥー教、仏教、儒教、道教など、世界の主要宗教における経済倫理を研究するプロジェクト（＝「世界宗教の経済倫理」）に取り組むようになった。それは、比較宗教学的な見地から、「プロテスタンティズムの倫理」の世界史的な意義を再検討する壮大な試みだった。その成果は、『儒教』（一九一五：後に『儒教と道教』と改題)、『ヒンドゥー教と仏教』(一九一六)、『古代ユダヤ教』(一九一七)等、個別テーマごとの論文として発表されているが、ウェーバーの死のために全体としては未完に終わった——『プロテスタンティズムの倫理と資本主義の精神』の改訂版が収められている『宗教社会学論集』(一九二〇—二一)は、この論文と、これとテーマ的に密接に関連する『プロテスタンティズムの諸教派と資本主義の精神』、及び『世界宗教の経済倫理』に属する既刊論文を、三巻に編纂したものである。

第二章　ウェーバーの政治観

——『職業としての政治』と『官僚制』をめぐって

『職業としての政治』の背景

「国家」の本質に含まれる「暴力」

「序」でも触れたが、二〇一〇年一一月に、仙谷由人官房長官（当時）が国会で「自衛隊は暴力装置」と発言し、大騒ぎになった。自衛隊を危険視している、あるいは、暴力団などと同列扱いしているように聞こえたからだ。保守派からは、このことを官房長官が元左翼であることと結び付けて、「国家を暴力装置と見て敵視するマルクス主義思想に基づいているのではないか」といった、穿《うが》った解釈が出てきた。左派・リベラル派からは逆に、マルクス主義の文献にも出てくる学術用語を使ったにすぎないのではないか、という一種の〝擁護〟論も出てきた。

そのため、「暴力」の意味について、しばらくの間マスコミやネット上で取り沙汰された。最初から焦点がはっきりしない論議だったので、はっきりした〝答え〟は出なかったが、日本語の日常語として、「暴力団」とか「暴力教師」とか言う時の「暴力」とは違う、準学術的な「暴力」の用法があることだけは明らかになった。

この〝論争〟の中で［国家＝暴力装置］説の有力なソースとして挙げられたのが、ウェーバーの講演『職業としての政治』（一九一九）である。ミュンヘンの学生団体（自由学生同盟）の招待に応じて行われた講演である。

この講演の冒頭に近い部分でウェーバーは、「国家とは、ある特定の領域の内部における――この『領域』という点が重要な指標になる――正当な物理的暴力行使の独占を（実効的に）要求する人間の共同体である」と述べている。「国家 Staat」は、その領土において単純に物理的な「暴力 Gewalt」を独占しているだけでなく、その独占が「正当 legitim」であることを要件とする、ということだ。「正当」というのは、簡単に言うと、支配される側も、その支配が、正しいやり方、基準によって成立している、と認め、基本的に受け入れているということである。

この講演の時代背景を念頭に置くと、ウェーバーが「国家」の本質に「暴力」が含まれていることを指摘したことは意味深長である。講演が行われた前年に当たる一八年は、ドイツの敗戦をもって第一次世界大戦が終結した年である。一一月にキールでの水兵の反乱を契機として、全土に兵士や市民による反乱が広がり、各地に労働者・兵士の評議会

〈Räte〉が結成される――〈Räte〉は、ロシア語の「ソヴィエト（評議会）」に対応するドイツ語の〈Rat〉の複数形である。皇帝ヴィルヘルム二世（一八五九―一九四一）は退位し、国外に亡命する。それを受けて、社会民主党（SPD）を中心とする臨時政権と連合国側の間で休戦協定が結ばれる。

SPDを中心とする臨時政権が、議会制民主主義の共和国設立の方向に動き出し、カトリック系の中央党や、国民自由主義的な勢力を結集した民主党――ウェーバーも中心的な創設メンバーの一人であった――もその流れに同調するが、SPDの最左派で、前年（一九一七）のロシア革命の影響を強く受けていた分派グループ（スパルタクス団）は、社会主義革命の断行を主張し、共産党（KPD）を結成する。一九年の一月五日には、スパルタクス団のローザ・ルクセンブルク（一八七一―一九一九）とカール・リープクネヒト（一八七一―一九一九）を中心とする武装蜂起が起こるが、臨時政権によって鎮圧される。言わば、社会主義者同士の武力衝突で、一方が勝利して、新しい国家の方向性が決まったわけである。同月一九日に、憲法制定のための国民議会選挙が行われる。ウェーバーの講演が行われるのは、二八日である。有名なワイマール憲法が制定されて、共和国が正式に発足するのは、講演の後である。

つまり、それまでのドイツ国家が崩壊し、新しい国家の在り方をめぐる、まさに「暴力」的な闘争にまだ完全な決着が付いていない混沌とした時期に講演が行われたわけである。混乱はドイツだけに留まらない。ロシアでは既に暴力革命によって、社会主義国家が誕生していた。東・中欧の要《かなめ》にあったオーストリア゠ハンガリー帝国も既に崩壊し、チェコスロヴァキアやハンガリーが共和国として分離独立した。ロシアとドイツの革命に乗じる形で、それまで両国に分割統治されていたポーランドも共和国として復活した。それぞれの新興国同士、あるいは国内で暴力闘争が続いていた。

講演の中でウェーバーは、先ほど見た国家の定義の少し前の箇所で、一八年一月から二月にかけてブレスト゠リトフスク（現、ベラルーシ）で行われたロシアの革命政府とドイツの間の和平交渉に際して、ロシア革命の指導者の一人で、ソ連の外務人民委員に就任していたトロツキー（一八七九―一九四〇）が語ったとされる、「全ての国家は暴力の上に基礎付けられている」という言葉を引用している。ウェーバーはこの言葉が的を射たものであることを認めたうえで、現代における国家と暴力の関係をより精緻化する形で、国家の定義を導き出したわけである。

「正当な独占」の意味とは

因みに、一九一八年六月にオーストリアの将校団を前にして行った講演『社会主義』でウェーバーは、ブレスト＝リトフスク講和に際してトロツキーが交渉を徒《いたず》らに引き延ばし、交渉を決裂させたことについて、その意図は、革命政権の存在感を世界にアピールすると共に、ドイツに内戦を引き起こし、新しい革命政権との間で講和条約を結ぶことを狙ったものであるとして、厳しく非難している。そのうえで、「信仰の戦士 Glaubenskämpfer」と講和を結ぶことはできない、と強調している。なお、トロツキーによる交渉中断の後、ドイツ側が休戦協定を破棄して、首都ペトログラード（サンクト・ペテルブルク）に近いところまで進軍したため、ソ連側は当初より不利な条件で講和条約を結ぶことを余儀なくされた。

単なる「暴力」ではなく、それを行使する権限の「正当な独占」を国家権力の本質と見るウェーバーの議論は一見穏健で抑制的であるように見えるが、当時のドイツのような状況を念頭に置くと、何をもって「正当」と見なすのか、という疑問が生じてくる。

いったん憲法を中心とする国家の基本的枠組みが出来上がれば、何が「正当」な「権力 Gewalt」獲得手段であるのかは憲法や法律、裁判所の判決等によって判定することができる――ドイツ語の〈Gewalt〉には、「暴力」と共に「権力」という意味もある。しかし、そういう枠組み自体が崩壊し、「暴力」装置を備えた様々な集団が「権力」をめぐって本格的に争っている状況にあっては、どの集団が「暴力」への正当性を有しているのか分からない。当時のドイツにあっては、議会制民主主義こそが正当な権力形態だと主張する集団と、党組織と労働組合を基盤とする社会主義こそが正当な権力形態だと主張する集団が実力で衝突していた他、後のナチスの前身となる右派系の集団も台頭していた。

そうした状況にあっては、より強力な暴力によって相手を圧倒した側が、自らが獲得した「権力」を正当化すべく、事後的に「正当性」の基準を作り出すことになる。ウェーバーの「国家」の定義は、自己に〝正当性〟を与える「暴力」という、不条理なものが潜んでいるように見える。講演（『職業としての政治』）の少し前に実施された制憲議会選挙を受けてSPD、人民党、民主党の三党を中心に、女性も参加する普通・直接選挙を承認した民主的憲法を起草する作業も順調に進んでいた。ドイツ帝国崩壊からワイマール共和国建国のプロセスは、表の整然とした正当な秩序形成プロセスと、裏の暴力的闘争が一体となった、「国家」の本質を象徴的に示しているように思われる。

ウェーバー自身はこの問題について掘り下げて論じていないが、マルクス主義系の文芸批評家で、現代の都市表象文化論に強い影響を与えているヴァルター・ベンヤミン（一八九二―一九四〇）は、かつてウェーバーが編集していた『社会科学及び社会政策雑誌』に掲載された論文「暴力批判論」（一九二一）で、法を作り出す暴力の問題について哲学的に掘り下げて論じている――この問題については、拙著『ヴァルター・ベンヤミン』（作品社）で詳しく論じた。

「政治家」の二つの意味

「支配」の正当性三つの根拠

「国家」は自らが独占する「暴力」を裏付けとして、その領域内に居住する人々に対して「権力」を行使する。それは、人間に対する人間の「支配 Herrschaft」の関係である。「国家」が存続するには、単に暴力装置を独占しているだけでなく、支配されている人々が、支配者の「権威 Autorität」を認め、服従することが必要である。つまり、「権力」の「正当性」が問題になるわけである。警察や軍隊などの暴力装置を動かすにしても、それらの組織を構成するメンバーが、自らが仕えている支配者による権力行使を正当なものとして受け容れていることが前提になる。

ウェーバーによれば、「支配」の「正当性 Legitimität」の根拠には三つある。この支配の三類型については、彼の死後出版された『経済と社会』(一九二二) に収められている論稿「支配の諸類型」で本格的に論じられているが、『職業としての政治』でも簡単に紹介されている。

第一は、遥か遠い昔から通用している習俗 (Sitte) に基づいており、それに従おうとする態度が神聖視される「伝統的支配 traditionale Herrschaft」である。第二は、ある個人に備わって、非日常的な天与の資質 (カリスマ) の権威に基づく、「カリスマ的支配 charismatische Herrschaft」である。カリスマというのは、具体的には、その個人が受けた啓示、英雄的行為、指導者的資質などである――日本語のカタカナ語にもなっている「カリスマ」は、語源的には「恩寵によって与えられた才能」を意味するギリシア語に由来するが、ウェーバー経由で一般的に知られ、使われるようになった。預言者、人民投票的支配者、偉大なデマゴーグ、政党指導者等の支配がこれに当たる。第三は、制定法規の妥当性に対する信念と、合理的に作られた規則に依拠する客観的な権限に基づく、「『合法性』による支配Herrschaft kraft Legalität」である。この場合、服従は法規の命ずる義務の履行という形を取る。国家公務員等の支配がこれに当たる。

無論、これら三つの類型のいずれかが純粋な形で存在することは極めて稀であり、様々な複合的形態があるし、一つの類型から他の類型への移行がしばしば生じる。例えば、カリスマ的支配は、カリスマの非日常的な資質によって成り立つが、支配が長期化し、正当性を後継者に継承したり、支配を支える人々の日常的生活を物質的に安定化させる必要が生じてくると、「カリスマ」性が形式化し、伝統的支配や「合法性」による支配へと次第に移行していく傾向がある。

カリスマ的「政治指導者」と「職業政治家」

ウェーバーはこれらの中で特に、第二のカリスマ的支配に注意を向ける。というのは、講演のテーマが「職業としての政治Politik als Beruf」だからである。第一章で見たように、「職業」を表すドイツ語〈Beruf〉には、「召命」という意味もある。「政治」に関わる「職業」を、「召命＝天職」として捉える場合、天から与えられた「カリスマ」による「支配」が、これと密接に関わっているのは明らかだろう。カリスマ性を帯びた「指導者

Führer」、言い換えれば、人々を「指導」すべく「召命」された（と見なされる）個人に対する信仰によって、カリスマ的支配は成り立っている。人々の帰依の対象は、慣習でも、合法性でもなく、指導者個人の人格、資質である。

ただ、カリスマ的な「政治指導者」といえども、単独で政治的権力闘争を進めることができるわけではない。彼らの意志を実現する補助手段が必要だ。人材としての行政スタッフ（Verwaltungsstab）と物的な財である。行政スタッフは、正当性だけで支配者に服従しているわけではなく、服従することによって得られる報酬や社会的名誉が服従の動機になっている。物的な財としては、貨幣、建物、武器、車両、馬等が必要である。

ウェーバーは、あらゆる国家秩序は、行政スタッフと物的財の間の関係によって二つに分類できると指摘する。一つは、行政スタッフがそれらの財を直接管轄している場合である。具体的には、一定の封土を割り当てられたり、特定の土地から年貢等を取り立てる権利を与えられたりする。このような政治団体は、「身分制的 ständisch」に編制されていると言える。つまり、特権的な身分を与えられた階層、貴族が、行政スタッフとして、「権力者 Gewalthaber」を支えている構図である。もう一つは、君主が行政手段を直轄支配し、奴隷、家人《けにん》、現物もしくは貨幣を給与として雇っている者たちを使って行政を掌握している場合である。行政費用は、自分の財布から賄い、軍隊の装備や糧食も自分の穀倉・火薬庫・兵器庫から調達する。

近代化の過程において、行政、戦争遂行、財政運営の手段が、貴族らの特権身分の手から奪われ、「指導者」である君主の下に集約されるようになった。それによって、国家が物理的な暴力行使の手段を独占する状態が生じる。そこで、第二の意味での「職業政治家 Berufspolitiker」が登場してくる。

カリスマ的指導者と違って、彼らは自ら進んで政治的支配者になろうとはしない。彼らは、物的な運営手段を特権的諸身分から収奪する闘いにおいて、君主の手足となって働き、その政策を実行した。それによって生計を立てると共に、精神的な充足を得るようになった。彼らは、「政治のために für die Politik」生きるというより、「政治によって von der Politik」生きている、という側面が強い。言い換えると、「政治」を自らの生業《なりわい》にしているわけである。彼らは、この意味で「職業政治家」なのである――日本語の「職業政治家」のニュアンスとほぼ一致する。

こうした第二の意味での「職業政治家」の登場は、ある意味不可避である。身分制国家の行政スタッフと違って、君主の下に行政手段が集中する近代国家の行政スタッフは、元々富裕層に属していない限り、生計を立てる他の手段を持たない。しかも、巨大化した国家機構を能率的に運営するには、専門的知識や訓練が必要である。「政治」に必要な専門的な技能を身に付け、それを本業とするプロフェッショナルが求められるようになる。

君主に仕えて、特権的諸身分と闘う「職業政治家」の役割を歴史的に担ってきたのは、聖職者、人文主義的教養を身に付けた文人、宮廷貴族、ジェントリー（紳士階級）、法律家らであった。特に法律家は、国家を運営するための合理的な法体系を構築するうえで重要な役割を果たした。法学的合理主義を抜きにしては絶対主義国家も革命も考えられない。フランス革命時の議会である国民公会のメンバーの多くは法律家であった。訴訟を通じて培われる法律家の問題処理能力は、政治の主要な部分を成す、公開の場での言葉によるやりとり、討議を進めるうえで有利であった。

「官吏」の役割

現代国家においては、専門的に訓練された「官吏」が、その役割を担いつつあるが、ウェーバーはこのことに対して否定的な態度を取っている。ウェーバーに言わせれば、生粋《きっすい》の官吏は「政治」をすべきではなく、非党派的に「行政」に集中すべきである。彼は、中立的に行われるべき「行政」と、特定の利害関係者に寄り添いながら、党派性を持って特定の方向に進んで行く「政治」を区別すべきだという立場を示す。

官吏である以上、「憤りも偏見もなく」職務を執行すべきである。闘争は、指導者であれその部下であれ、およそ政治家である以上、不断にそして必然的におこなわざるをえない。しかし官吏はこれに巻き込まれてはならない。党派性、闘争、激情――つまり憤りと偏見――は政治家の、そしてとりわけ政治指導者の本領《エレメント》だからである。政治指導者の行為は官吏とはまったく別の、それこそ正反対の責任の原則の下に立っている。官吏にとっては、自分の上級官庁が、――自分の意見具申にもかかわらず――自分には間違っていると思われる命令に固執する場合、それを、命令者の責任において誠実かつ正確に――あたかもそれが彼自身の信念に合致しているかのように――執行できることが名誉である。このような最高の意味における倫理的規律と自己否定がなければ、全機構が崩壊してしまうであろう。これに反して、政治指導者、したがって国政指導者の名誉は、自分の行為の責任を自分一人で負うところにあり、この責任を拒否したり転嫁したりすることはできないし、また許されない。官吏として倫理的にきわめて優れた人間は、政治家に向かない人間、とくに政治的な意味で無責任な人間であり、この政治的無責任という意味では、道徳的に劣った政治家である。
（脇圭平訳『職業としての政治』岩波文庫、一九八〇年、四一—四二頁）

この箇所に、ウェーバーの「指導者としての政治家」観がはっきり表れている。「政治指導者der politische Führer」は、自らが達成しようとする目標を明確にし、それの実現に向けて闘争を行い、その帰結に対して一人で「責任Verantwortung」を負おうとする人間である。それに対して、官庁に勤める官吏の倫理は、上級官庁から与えられた命令を――自らの信条や価値観に左右されることなく、というより完全に自己否定して――淡々と執行することである。自分の意志でやっているわけではないので、執行した政策の帰結に対して本当の意味で責任を取ることはできない。政治的指導者と官吏では、倫理の在り方が異なる、というより、真逆である。

「官僚支配」

従って、指導者とは異なるエートスを持った官吏に、政治の指導を任せると、無責任な政治になる危険性が高い。官吏は、政治指導者の方針に従って、非党派的に仕事を進めるべきである。にも拘わらず、現代では、強い政治家がなかなか登場せず、専門的知識を持った官吏たちによって〝政治〟が指導される状態が続いている。それを、ウェーバーは「官僚支配 Beamtenherrschaft」と呼ぶ。

つまりウェーバーは、現代日本で一九九〇年代以降絶えずマスコミで話題になっている問題が近代国家の成立過程で不可避的に生じてくることを指摘し、そのメカニズムを明らかにしようとしているわけである。小さな共同体であれば、政治的指導者のカリスマ性や伝統だけで統治することが可能かもしれない。しかし、経済を中心として社会の仕組みが複雑化している現代において、英国、フランス、ドイツのような規模の国家を一元的に統治しようとすると、合理的に組織化された官僚機構が必要になる。指導者の方針を徹底して実行しようとすればするほど、行政スタッフとしての官僚への依存度が高まる。官僚機構によって社会を全体的に統治し、内外のあらゆる問題に対処するメカニズムがいったん出来上がると、統治の仕組みは次第に複雑になっていく傾向があるので、指導者が全てを見渡して、適切な指導をすることは困難になってくる。官僚の〝助言〟によって方針を決めざるを得なくなる。

そのようにして、指導者と官僚の関係がシステム的に逆転し、本来、指導者として責任を取る用意のない人たちが、〝政治〟を〝指導〟するという倒錯した事態が生じる。これは、経済の領域で、プロテスタンティズムの自由な精神が「鉄の檻」をもたらしたことに対応する、政治における近代化のアイロニーである。

デマゴーグとジャーナリストと政党職員

演説より活字

現代の立憲民主主義国家で、政治において指導者的な役割を果たすには、言葉で人々に影響を与える必要がある。「デマゴーグ Demagoge」が政治指導者の典型となりつつある。「デマゴーグ」という言葉は通常、扇動政治家というネガティヴな意味で使われるが、ウェーバーは、これをギリシア語の本来の意味で使っている。

「デマゴーグ」の本来の意味は、「民衆 dēmos」を「指導 agein」する人、つまり「民衆の指導者」ということである。彼は最初に「デマゴーグ」と呼ばれた政治家が、粗野で無教養でありながら、扇動的な言葉遣いと貧民に受ける政策によって台頭し、無謀な戦争へと突入したことで評判の悪いクレオン（?―前四二二）ではなく、演説の名手で様々な名言を残したペリクレス（前四九五―前四二九）であったことに注意を向ける。ペリクレスは、古代アテネの民主制で唯一の選挙官職である最高司令官の地位に就き、演説によって、民衆たちの代表機関である最高民会（ecclesia）を指導した。

現代の民主制でも、演説が民衆を指導するうえで重要な手段になっている。選挙で公職に選出される政治家は、選挙民向けに数多くの選挙演説をこなさなければならない。しかし、ウェーバーに言わせると、それよりも永続的な効果を及ぼすのは活字である。活字を通して政治的影響を及ぼすのは、政治評論家、特にジャーナリストである。

ウェーバーはジャーナリストの社会的役割をかなり高く評価している。当時の西欧諸国では、ジャーナリストは明確な社会階層の区分に含まれないアウトサイダーであり、道徳的に劣った者と見なされがちであったが、ウェーバーは、ジャーナリストの仕事には少なくとも学者と同等の才能が必要とされ、学者より遥かに大きな「責任」が伴うと主張する。新聞は公衆に対して大きな影響力を発揮するので、政党や大物政治家は新聞に対して働きかけて、味方にしようとする。しかし、ジャーナリストから政治指導者になるというコースは、まだそれほど一般的になっていない。SPDで、党機関紙の編集者としての仕事を担当する者がいるくらいである——ただ、それは、平職員的な性格のポストで、指導者への道が開かれていたわけではない。指導者になるコースが確立されにくいのは、ジャーナリズムが極めて多忙で緊張を強いられる仕事であり、なかなか財産を築けず、余裕がないからである。収入のために定期的に論説を書かねばならないことは、精神的負担になり、政治家の資質を伸ばすうえでブレーキになる。

そうした困難があるにも拘わらず、ウェーバーは、ジャーナリストのキャリアが職業政治家に至る最も重要なコースの一つであると主張する。ただし、それは万人向けのコースではない。生活が安定しなければ精神のバランスが取れないような人には向かない。冒険をいとわず、困難な状況の中で内的確信を保てるような、強い性格の人が、政治家としてのジャーナリストを目指すべきである。

党官僚の影響

職業政治家のもう一つの新たな形態としてウェーバーは、「政党職員＝党官僚 Parteibeamter」を挙げている。彼は、党官僚が政党を実質的に支配していることを通して、現代の政治に与えている影響についてかなり詳しく語っている。

「政党 Partei」という言葉を聞くと、私たちは議会制民主主義に直結する制度として考えがちであるが、西欧における「(政)党」の起源は、貴族などの有力者を中心に結成された徒党であった。中世のイタリアの都市国家の、教皇党(グエルフ)や皇帝党(ギベリン)などは、純粋に個人的な党であった——教皇支持派と皇帝支持派がそれぞれまとまった組織を結成したうえで、二大陣営として対立していたわけではなく、個人的党派がその時々の都合でいずれかを便宜的に名乗ることが多かった。

英国で生まれた議会での党派としての「政党」も当初は貴族の追随者からなる集団で、当の貴族が何らかの理由で所属政党を替われば、追従者も一緒に移ることがあった。一八三二年に選挙法が改正される前までは、大貴族が複数の選挙区を実質的に支配し、自らの身内や友人を庶民院の議員にすることが可能であった。

貴族政党と似たようなものとして、「名望家政党 Honoratiorenpartei」と呼ばれるものがある。市民階層の中の「教養と財産 Bildung und Besitz」——英仏と比較して資本主義の発達が遅れたドイツでは、大学等で高等教育を受けた「教養市民層 Bildungsbürgertum」が近代化の主要な担い手になった——を持った名士を中心に結成された政党である。一九世紀のドイツでは、多くの名望家政党が誕生した。名士というのは具体的には、聖職者、教師、大学教授、弁護士、医者、薬剤師、富農、製造業者らである。

彼らの主宰したローカルな政治的クラブのようなものが、会費を徴収して定期的に会合を持つようになり、他の地域とのネットワークを作り、選挙に候補者を立てるようになることで、政党へと発展していった。議員を核とする全国組織になると、党中央に専任の職員が雇用されるようになるが、地方支部は依然として地方名士によって運営されていた。民主主義の進展に伴って発展した近代的政党は、それまでの名望家政党とは違って、個人的要素は低く、党職員によって合理的に運営されることを特徴とする。

官僚機構＝企業化の問題点

これを生み出したのは民主制、普通選挙権、大衆獲得と大衆組織の必要、指導における最高度の統一性ときわめて厳しい党規律の発達である。名望家支配と代議士による操縦は終わりを告げ、院外の「本職」の政治家が経営を握るようになる。「企業者」として――たとえばアメリカのボス、それにイギリスの「選挙事務長《エレクション・エイジェント》」も実質的にはこれ――、あるいは固定給をうけた職員として。いずれにせよ形の上では広汎な民主化がおこなわれる。最終的な綱領を作るのは、もはや院内の党フラクションではなく、候補者の選定も地方名望家の手から離れ、組織された党員の集会が候補者を選び、上級の党集会――全国「党大会」にいたるまでに、時としていくつもの段階があるが――に代表を送り出すようになる。もちろん実際に権力を握っているのは、経営の内部で継続的に仕事をしている者か、でなければ――たとえば強力な政治的利害関係者のクラブ（タマニー・ホール）のパトロンや支配人として――政党経営の根っこのところを金銭や人事の面で抑えている人間たちである。決定的なのは、こういう人間装置の全体――アングロサクソン諸国ではこれを「機械《マシーン》」などとうまい言葉で呼んでいる――というよりもむしろ、この装置を操縦する人間が、現職議員に挑戦して、自分の意思をかなり大幅に押しつけることができるという点である。（前掲書、五四―五五頁）。

この箇所の記述で先《ま》ず注目すべきは、ウェーバーが「本職 Hauptberuf」の政治家と呼んでいるのは、議員ではなく、政党を「企業」のように継続的かつ安定的に運営している人たち、選挙や党の派閥を取り仕切るボスたちや、固定給で雇用されている職員だということである。例として挙げられている「タマニー・ホール」は、一八世紀末にニューヨーク市で結成された慈善団体タマニー協会から出発し、次第に市や州の選挙で影響力を発揮するようになり、一八二九年に民主党に合流し、党内の有力派閥となった政治クラブである。一九世紀中盤以降、増大し続ける移民を帰化の手続き等で支援することで、彼らの支持を選挙に結び付け、強力な集票マシーンになった。

先に見たように国家レベルでは、（カリスマ）指導者による支配の強化が、強固な官僚制を生み出し、〝指導者〟自身がその機構に依存するようになるという逆説が生じる。それとパラレルに、指導者である議員の院内外での活動を〝支える〟政党が本格的に組織されるようになると、有権者の支持を獲得すべく党の方針を実質的に決定する「マシーン」が出来上がり、「マシーン」の決めた方針に議員たちも依存せざるを得なくなる、という逆説が生じる。しかも、こうした政党の官僚機構＝企業化は、議会制民主主義が発達し、選挙によって市民たちの支持を得た政治家たちによって政治が行われるようになった帰結として生じてきたわけであるから、猶更《なおさら》逆説的であるように思える。民衆の意志を直接政治に反映させるための政治を実現しようとする試みが、民衆が関知しないところでボスや党官僚が党の基本方針を決定する体制をもたらす、という逆説である。

人民投票的民主制

政党マシーンの発達

ウェーバーは更に、「マシーン」の形成と、「人民投票的民主制 die plebiszitäre Demokratie」がしばしば表裏一体の関係にあることを指摘する。「人民投票的民主制」とは、国民の直接投票によって、強く広範な権力を持った指導者を選び出す民主制である。古くは、古代ローマの共和制末期に、カエサル（前一〇〇―前四四）が、平民たち（plebes）の圧倒的支持を背景に、独裁的権力を獲得した。「マシーン」を動かしているのは、カリスマ的指導者に献身的に従い、かつ、その指導者の成功に伴って報酬を得ることを期待できる党職員や党企業家たちであるから、彼らは、自分たちの指導者がデマゴーグ的成功を収めるために協力する。政党の発展過程において、「マシーン」を構成する人々は指導者を支えて、自らの既得権益や名声に固執する名望家や個々の代議士たちとの闘争にコミットしてきた。

英国では、名望家政党から人民投票的指導者政党への転換のきっかけになったのは、一八六八年以降、バーミンガムから始まって、全国的に採用されるようになった「コーカスCaucus」システムである、という。「コーカス」は元々、一八世紀のアメリカで候補者や基本政策を決定するための党員集会あるいは幹部会議を意味する言葉として使われ始めたが、一八七〇年代後半以降英国で、有権者を組織化して、選挙を勝利に導くべく結成された、厳格な規律の下にある地方党組織という異なった意味合いで使われるようになった。一八六七年の第二次選挙法改正によって、都市の労働者層にまで選挙権が拡大したのに伴って、多くの有権者を組織化する「コーカス」のような仕組みが必要になったわけである。

コーカス・システムの下で、各選挙区ごとの選挙委員会が組織され、有給の職員が増えていった。各地のコーカスが融合して、党全体を包括する「マシーン」が出来上がり、「マシーン」は、少数の有力政治家の下に権力を集中させるようになる。二大政党の一角を占める自由党では、グラッドストーン（一八〇九―九八）が、デマゴギー的な能力や人格の倫理的な魅力によって、大衆の支持を得た。彼を中心とする選挙戦は、カエサル的＝人民投票的な様相を呈した。一八八〇年の総選挙で、グラッドストーンは、全国的に組織化されたコーカス・マシーンの力を借りて、保守党のディズレーリ（一八〇四―八一）を退陣に追い込んで、首相に就任し、独裁者的な力を持つようになった。議員たちの多くは、単なるイエスマンにすぎなくなった。

アメリカの「猟官制」

アメリカでは更に純粋な形で人民投票的原則が貫徹している。アメリカでも当初は、「ジェントルマン」――地主もしくは大学教育を受けた人――と呼ばれる階層が政治を支配していた。出来たばかりの政党では、有力な下院議員たちが指導的役割を果たしていた。しかし西部の開拓農民出身のアンドルー・ジャクソン（一七六七―一八四五）が第七代大統領に当選して以降、大統領を中心とする政党マシーンが急速に発達した。

そうなっていった主な原因として、大統領選挙が元々人民投票的な性格を持っていたことに加え、行政府の長である大統領が官職任命権を持っていたということがある。大統領の当選に貢献したフォロワーたちは、功績に応じて官職を得ることを期待できた。ジャクソン大統領以降、大統領の交替に伴って行政府の上級スタッフが総交替する「猟官制 spoils system」が徹底されるようになった。アメリカの政党は、官職任命権を持つ大統領と知事の選挙戦を中心に編成される。

この人民投票的な政党マシーンと共に、「ボス」たちが登場してきた。彼らは自分で計算し、リスクを引き受けることで、票をかき集める、政治上の「資本主義的企業家」である。彼らは弁護士、居酒屋の経営者、金貸し等として一定の票数をコントロールするようになり、ネットワークを作っていく。そして、党のおかげで官職に就いた者たちや財界の大物から献金を集めてきて、党の運営資金にする。彼らは、組織―人事―金を結び付けて、マシーンを動かしているのである。彼らには、ほとんど政治的原則というものがなく、票集めのために行動する。

ウェーバーに言わせれば、猟官制に基づくマシーン運営が可能なのは、アメリカがまだ若い国で、素人でも行政を運営することが可能だったからである。しかし、次第に行政が複雑化し、大学出の資格を持った人でないと就任できない官職が増えつつあるので、猟官制は後退を余儀なくされているが、どう変化していくかはまだ予測できない、という。

ドイツの名望家支配

ドイツの場合、英米とはかなり事情が異なる。第一に、指導者の資質を持った人間が議会に入らなかったし、仮に入ったとしても、議会には行政を動かすような強い権限は与えられていなかった。第二に、ドイツでは専門的な訓練を受けた優秀な官僚たちを中心に政治を行う仕組みが出来上がっていた。第三に、ドイツには特定の「世界観Weltanschauung」を持った政党が存在した。カトリック的世界観にコミットする中央党と、社会主義の実現を目指すSPDである。宗派的に少数である中央党は議会主義に反対であり、既存ブルジョワ秩序に参加して身を汚したくないと考えるSPDも、議会制の強化を妨げてきた。この二つの政党が議会制に背を向けていたため、ドイツで議会主義が発展するのは不可能だった。

そのためドイツの職業政治家（議員）たちは、権力も持たず責任も負わず、名望家としてどうでもよさそうなポストに就いて満足し、派閥的な振る舞いをし続けるのが精々《せいぜい》だった。指導者が登場する余地がなかったわけである。指導者的資質を持った者たちもそれを活かすことができなかった。ウェーバーの見方では、ブルジョワ政党は、一八八〇年代以降、完全に名望家のギルドと化した。つまり名望家たちが議席を分け合うことを目的とする団体になった。SPDでは、中間派の論客で大衆の支持も得ていたベーベル（一八四〇―一九一三）の死後は、労働組合官僚や党書記らが出世し、官僚主義が蔓延するようになっていた。これも一種の名望家支配と見ることができる。

大統領制への希望

しかし第一次大戦の敗戦によって、従来の政党システムが崩壊し、〝指導者〟の資質がありそうな人たちを見出して、その人たちを中心に新たな政党を結成しようとする動きが活発になっている。しかしウェーバーはその行く末についてあまり楽観的なイメージを抱いていない。ドイツの諸事情が、新たな政党の発展の障害になっているように見える。彼は、人民投票的指導者による政党指導は、そのフォロワーたちから魂を奪い、マシーンの部品として機械的に働き続ける「精神的プロレタリアート」にしてしまう恐れがあることを指摘したうえで、ドイツの選択肢について以下のように述べている。

ところでぎりぎりのところ道は二つしかない。「マシーン」を伴う指導者民主制《フューラー・デモクラティー》を選ぶか、それとも指導者なき民主制、つまり天職を欠き、指導者の本質をなす内的・カリスマ的資質を持たぬ「職業政治家」の支配を選ぶかである。そして後者は、党内反対派の立場からよく「派閥」支配と呼ばれるものである。現在のところドイツにはこれしかない。そして将来についても、少なくとも国家レヴェル《ライヒ》では、この現状の存続に有利である。その一つの理由は、いずれそこでは連邦参議院が復活し、帝国議会の権力を、ひいては指導者選出の場としての議会の重要性を、制限するに違いないからである。もう一つの問題は比例選挙法で、今の形でのそれは、指導者なき民主制の典型的な現象である。比例選挙法は官職任命をめぐる名望家たちの闇取引を助長するだけでなく、今後、各種の利益団体がその役員を候補者リストの中に割り込ませ、議会を本当の指導者の入る余地のない、政治不在の議会にしてしまう惧《おそ》れがあるからである。そうなれば、大統領――議会によってではなく人民投票によって選ばれた――だけが、指導者に対する期待を満たす唯一の安全弁となるであろう。（前掲書、七四―七五頁）

連邦参議院（Bundesrat）というのは、国民によって直接選出されるのではなく、各州政府の――人口比に応じて定数を割り当てられる代表から構成される――上院である。ドイツ帝国の時代にも、「帝国Reich」を構成するプロイセン、バイエルン、バーデン等の領邦国家の代表によって構成され、法案の承認・拒否権を持っていた参議院があった。ワイマール共和国も、その枠組みを継承することになった──先に述べたように、ワイマール憲法が実際に制定されるのは、ウェーバーの講演のすぐ後であり、彼は自らも参加していた新憲法論議の流れを見ながら、発言している。連邦参議院が力を持つということは、各州政府が力を持つということである。それによって、下院での選挙に勝利してドイツ全体に権力を及ぼすことができる指導者の出現が阻害されると考えられる。

（男女の普通選挙によって選出される）下院については、民意を最も反映しやすいとされる、拘束名簿式比例代表制が採用されることになった。しかし、ウェーバーはそれが名望家たちの闇取引や、利益団体の売り込み合戦の温床になるだけで、強い指導者が出現することを阻害すると予想したわけである──周知のように、これは現代の日本でもしばしば問題になることである。

この箇所から読みとれるように、ウェーバーは、強い（カリスマ的）指導者がいなければ、議会制民主主義は、単なる利害調整の仕組みに堕してしまい、うまく機能しないと見ていた。彼は英米の指導者民主主義（Führerdemokratie）が様々な弊害を抱えていることとを十分に認識していたが、それでも、「指導者」が国家としての方向性を示し、「マシーン」の力を借りてそれを実現していく必要が——特に当時のドイツのような立場の国には——あると考えていたのである。

そうした欠陥を打破して、指導者を生み出す可能性としてウェーバーが注目しているのが大統領制である。ウェーバーは、人民の直接投票によって大統領を選出する仕組みを採用すべきとの立場を取っており、それを強く主張する論考も発表している。人民に直接選ばれる大統領であれば、アメリカの大統領のようなカリスマ性を発揮できると考えたわけである。

シュミットの思想

ワイマール憲法では、実際、人民投票による大統領制が採用されることになった。通常の行政は、議会の多数党によって構成される内閣が担当するが、大統領は国家に非常事態が生じた場合、基本的人権を停止するなど、国家秩序を維持するための特別な権限を持つことになった。

「政治（的なもの）」の本質は、敵／味方の区別であると主張したこと——及び、ナチス政権を法理論的に正当化したこと——で知られるワイマール期の法学者カール・シュミット（一八八八—一九八五）は、ウェーバーの議論を更に先鋭化させ、大統領が国家の主権者として、例外状態において政治の在り方を明らかにすべきであるとの議論を展開する。『職業としての政治』の四年後に刊行された『現代議会主義の精神史的地位』（一九二三）でシュミットは、様々な立場や利害がからむ人々の間で原則なき妥協を成立させるにすぎない議会制民主主義には限界があると指摘する。議会も各政党も、そうした妥協のための装置に堕している。そうした前提に立って、人民の圧倒的支持を得た指導者による統治こそが、本来の民主主義であると主張する——こうしたシュミットの思想については、拙著『カール・シュミット入門講義』（作品社）を参照。

しかし現実の歴史は、ウェーバーやシュミットのヴィジョンを超えて進んでいった。ナチス（国民社会主義ドイツ労働者党）の党首であるヒトラー（一八八九—一九四五）は、議会で多数を獲得することによって一九三三年に首相に就任する。次いで、国会議事堂放火事件を理由にして共産党を非合法化したうえで、法律制定の権限を自らに付与する「全権委任法」を成立させる。三四年八月にヒンデンブルク（一八四七—一九三四）が死去すると、首相と大統領の地位を統合する法律を制定し、自らに全ての権力を集中させる。日本語で

「総統」と訳されることの多い、ヒトラーの新たな称号は、〈Führer（指導者）〉である。「指導者」になったヒトラーは、メディアを使って自らを絶対的カリスマとして演出すると共に、ナチスの世界観の実現のために自らの手足となる秘密警察や親衛隊等の――国家機関か党機構か曖昧な――組織を、従来の国家の官僚機構と併存する形で次々と作り出し、権力のヒエラルキー（階層構造）がどうなっているのかよく分からないようなメカニズムを作り出した。それによって、各人を疑心暗鬼にさせ、（少なくとも表面的には）指導者に対する忠誠を競わせるように誘導した。指導者と官僚・党官僚の関係についてのウェーバーの視点から見れば、到底合理的ではない、全体主義体制が出来上がったわけである。こうした指導者原理（Führerprinzip）の下での全体主義体制の諸特徴については、ハンナ・アーレント（一九〇六―七五）が『全体主義の起源』（一九五一）の第三部「全体主義」で詳しく論じている。

ドイツの民主制の将来に対するウェーバーの〝見通し〟は当たらなかったが、「指導者」―「官僚制」―「マシーン」の複雑な関係をめぐる、現代にも通じる問題を提起したのは間違いない。

心情と責任

「政治」における「倫理」の重要性

ウェーバーは、「職業政治家」が生まれてきた歴史的経緯を説明したうえで、「政治家」に必要な資質を問題にする。政治家が得られる第一の内的喜びは、自分が他人を動かす権力に関与している、日常を超えているという昂揚感、「権力感情 Machtgefühl」である。この感情を制御して、権力に相応《ふさわ》しい振る舞い方をするには、①情熱（Leidenschaft）②責任感（Verantwortungsgefühl）③判断力（Augenmaß）――の三つの倫理的資質が必要である、という。

この場合の「情熱」というのは、狂気に取り憑《つ》かれた、革命的な熱狂のようなことではなく、自らが取り組むべき「事柄」に対してコミットしていく姿勢である。そうした「事柄」への強いコミットメントには、自分がやったこと、やっていることに対する責任感が伴ってくるはずである。また、責任を持とうとすれば、それに集中しているからといって冷静さを失ってはならない。自らが直面している現実を、距離を置いてみつめる、判断力も必要になる。

このように、「政治」における「倫理」の重要性を強調するウェーバーであるが、彼は、恋愛や商売、家族関係などの他の全ての行為と同じ「倫理」が適用されるべきだとは考えない。「政治」は、「権力」という特殊な手段を用いて行われる。そこには「暴力」が伴う。革命によって体制を転換しようとする新しい政治勢力は、自らの理想のために権力＝暴力を行使する。たとえ、その理想が高貴なものであっても、政治的闘争である以上、権力＝暴力が用いられることに変わりはない。

では、イエスの「山上の垂訓」のように、右の頰を打たれたら左の頰を差し出す、というような「絶対倫理 die absolute Ethik」、無条件で曖昧さを許さない倫理が、政治においても求められるのだろうか？　それは、革命や戦争を放棄し、悪しき者に抵抗しないことを意味する。また、常に真実を述べるという絶対的義務を遵守しようとすれば、自国にとって不利な情報でも公開し、自らの犯した罪の告白をしなければならない。無論、そのような政策を取れば、その国の国民にとって取り返しのつかない結果をもたらすことになるだろうが、「絶対倫理」は、一切結果を気にしない。

「政治家」であれば、悪しき支配に対しては抵抗するよう呼び掛けるはずだし、真実の解明のためには、中立な第三者の立ち会いの下での事実の確認作業が必要だと判断することだろう。「政治家」にとっての倫理は、「絶対倫理」とは異なる原理に基づいていると考えるべきである。

> まずわれわれが銘記しなければならないのは、倫理的に方向づけられたすべての行為は、根本的に異なった二つの調停しがたく対立した準則の下に立ちうるということ、すなわち「心情倫理的」に方向づけられている場合と、「責任倫理的」に方向づけられている場合があるということである。心情倫理（Gesinnungsethik）は無責任で、責任倫理（Verantwortungsethik）は心情を欠くという意味ではない。もちろんそんなことを言っているのではない。しかし人が心情倫理の準則の下で行為する――宗教的に言えば「キリスト者は正しきをおこない、結果を神に委ねる」――か、それとも、人は（予見しうる）結果の責任を負うべきだとする責任倫理の準則に従って行為するかは、底知れぬほど深い対立である。（前掲書、八九頁）

政治の決定的手段としての「暴力」

この「心情倫理」と「責任倫理」というウェーバーの対比は、倫理的に振る舞おうとする人間にとっての理想と現実の間のギャップを説明するうえで便利なので、様々な文脈でしばしば参照されるようになった。「心情倫理」は、そのままの形では現実の政治に応用しにくい。心情倫理家は、社会の不正に怒る純粋な心情の炎を燃やし、自らの倫理的理想を直接的に行動に移そうとするが、実現のための手段の妥当性について綿密に考えようとしない。正しい信念に基づく行為であれば、難なく実現するはず、と暗黙のうちに想定しているふしがある。実際失敗した場合、その責任を自ら引き受けようとせず、自分たちの倫理的理想に従わない世間のせいにすることもある。それに対して、責任倫理家は、現実に存在する人間がどのような欠陥を備えているかを考慮に入れて、合理的に計画を立て、着実に目的を実現しようとする。失敗すれば、その責任を自ら引き受けようとする。

この現実世界に存在するいかなる倫理も、「善い」目的を達成するためには、道徳的にいかがわしい手段、危険な手段を用いざるを得ない、という状況に直面することがある。「目的」が達成されたとしても、悪い副作用が出ることがある。倫理的に善い目的は、どんな時にどの程度まで危険な手段を正当化できるかについて、一義的な答えはない。政治の決定的な手段は「暴力」であるので、それを用いた時の帰結は極めて重大である。「目的」のための「手段」の正当化という問題に直面した時、心情倫理はジレンマに陥る。第一次大戦中にヨーロッパの社会主義者たちは、戦争に反対すべきか、それとも、戦争を継続させることで社会主義革命の可能性を高めることに寄与すべきかをめぐって論争し、レーニンらの革命的社会主義者は戦争を選ぶことを宣言したが、これは究極的には、「革命」という目的のために、多くの人命を犠牲にする「戦争」という手段を利用することが正当化されるか、という問題だ。（心情倫理家である）革命的社会主義者が、平和よりも革命（暴力）を選ぶとすれば、古い体制に属する「権力政治家 Gewaltpolitiker」が同じ手段（暴力）を用いても、そのこと自体を倫理的に非難することはできない。それを回避しようとすれば、道徳的に危険な手段を用いる一切の行為を否定せざるを得なくなる。しかし、政治において、そのような行為があるのか？

心情倫理家は、現実世界の倫理的非合理性に耐えることができない。ウェーバーに言わせれば、彼らは宇宙論的な倫理的「合理主義者」である。つまり、危険な手段を用いないでも、各人が倫理的理想に従って一貫性を持って行為することが常に可能であるように、宇宙が完全に合理的に出来上がっていると想定して振る舞う人たちである。現実の世界では、善から悪が生じることも、その逆もしばしば起こる。その矛盾がどうして生じるのかという問いに、古代インドのウパニシャッド経典以来、世界の諸宗教は取り組んできた。善をなすための暴力はどういう条件下で正当化されるのかについて様々な指針を示してきた。

政治家という「指導者」と部下という「装置」の忠誠

この問題は、講演の冒頭で言及された、国家による「正当な暴力行使 die legitime Gewaltsamkeit」の問題と繋がってくる。国家がその領域において「暴力行使」の「正当性」を独占し、それに対抗する暴力を認めないということは、一見抑圧的・独善的であるように思える。しかし見方を変えれば、国家に判断を全面的に委ねることによって、各個人は暴力行使の帰結に対する責任を免れることができる、とも言える。キリスト教の中には、そうした戦略を取る宗派もあった。ルターは、戦争に対する責任は全面的に国家に負わせたうえで、信仰以外の問題で国家に服従することは罪にならないと説いた。

国家が責任を負うと言っても、実際には、誰かが方針を決定し、その帰結に対して責任を負わねばならない。政治家である「指導者」に責任が集中することになる。そうなると、先に見たような、指導者と、彼の意志の実現のための部下の間の微妙な関係をめぐる問題が再び浮上してくる。特に信仰や革命の闘士が自らの信念に従って、この世界に絶対的正義を打ち立てるべく暴力を行使しようとする時、より深刻な矛盾が生じてくる。

部下という「装置Apparat」の忠誠を繫ぎとめるには、内的・外的なプレミアム（褒美）が必要である。内的プレミアムは、ウェーバーの時代の階級闘争的な状況にあっては、憎悪、復讐欲、そして敵を異端者扱いし誹謗《ひぼう》したいという独善欲の満足等である。外的なプレミアムは、冒険、勝利、戦利品、権力等である。指導者が実際に何を達成できるかは、この装置がどういう動機によって動かされているかによって左右される。「装置」を構成する部下たちは、指導者に忠実に従っているつもりでも、実際には復讐欲や権力欲に突き動かされているにすぎない場合が少なくない。しかも、革命が終わって日常生活が戻ってくると、熱心だったフォロワーたちは、自分の利益を守ることとしか関心のない単なるサラリーマンに堕していく傾向がある。そうなると、堕落した政治に対する反発を起点として行われた革命が、革命前に輪をかけて堕落した政治を生み出す恐れが出てくる。

およそ政治をおこなおうとする者、とくに職業としておこなおうとする者は、この倫理的パラドックスと、このパラドックスの圧力の下で自分自身がどうなるだろうかという問題に対する責任を、片時も忘れてはならない。繰り返して言うが、彼はすべての暴力の中に身を潜めている悪魔の力と関係を結ぶのである。(前掲書、九九―一〇〇頁)

政治という「天職」を持つ人間

この「悪魔」という比喩は、単に「装置」のわがままな性質を言い表すためだけに使われているわけではない。「装置」を使う指導者自身が、自らの掲げる理想によって欺かれてしまうことがある。社会主義の実現や国際平和といった高邁《こうまい》な目的を掲げ、心情倫理的に突っ走ったことで、予想していなかった悲惨な結果がもたらされ、目的自体が数世代にわたって信用を失墜することもある。「善き目的」のために、悪魔と契約を結び、悪魔の提供する「権力」や「暴力」といった手段を使えば、悪魔メフィストフェレスと契約を結んだファウストがそうだったように、悪魔を利用しているつもりで、悪魔に出し抜かれ、最後は全て奪われて、自らも破滅してしまう。目的を実現するには、悪魔に出し抜かれないだけの知恵が必要になる。

ただし、ウェーバーは、政治家は情熱抜きで現実的に思考すべきだと言っているわけではない。それでは現実に順応することしかできない。政治家にとって大事なのは、自らが解決しようとする問題をしっかり現実的に把握したうえで、現実に圧倒されることなく、それを変えていこうとする情熱を保ち続けることである。

ウェーバーは講演を以下のように締めくくっている。

政治とは、情熱と判断力の二つを駆使しながら、堅い板に力をこめてじわっじわっと穴をくり貫《ぬ》いていく作業である。もしこの世の中で不可能事を目指して粘り強くアタックしないようでは、およそ可能なことの達成も覚束ないというのは、まったく正しく、あらゆる歴史上の経験がこれを証明している。しかし、これをなしうる人は指導者でなければならない。いや指導者であるだけでなく、――はなはだ素朴な意味での――英雄でなければならない。そして指導者や英雄でない場合でも、人はどんな希望の挫折にもめげない堅い意志でいますぐ武装する必要がある。そうでないと、いま、可能なことの貫徹もできないであろう。自分が世間に対して捧げようとするものに比べて、現実の世の中が――自分の立場からみて――どんなに愚かであり卑俗であっても、断じて挫けない人間。どんな事態に直面しても「それにもかかわらず《デンノッホ》！」と言い切る自信のある人間。そういう人間だけが政治への「天職《ベルーフ》」を持つ。(前掲書、一〇五―一〇六頁)

近代官僚制

西欧近代を特徴付ける「合理主義」

ウェーバーの死後出版された、彼の社会学的研究の集大成である『経済と社会』の中に「官僚制」というタイトルのテクストが含まれている――『経済と社会』は本人の没後の編集であるため、その構成は編者によって変化しており、このテクストの位置付けとタイトルも変化しているが、煩瑣になるので立ち入らないことにする。「官僚制 Büirokratie」に焦点を合わせながら、西欧近代を特徴付ける「合理主義」についてのウェーバーの基本的見方が集約的に示されているテクストとされており、かつ、『職業としての政治』との関連も深いので、どういう議論が展開されているのか、手短に概観しておこう。

ウェーバーは先ず近代官僚制には、①法規または行政規則によって系統付けられた明確な官庁権限②官職階層制と官庁相互の明確な上下関係③文書と事務を司る各種スタッフによる職務執行④専門的訓練⑤官僚が全労働力を投入して職務に取り組むことへの要求⑥職務執行のための規則への習熟——の六つの特徴があることを指摘する。

これらの特徴を備えた官僚制の機能の仕方を説明するに当たって、ウェーバーは私経済における経営の仕組みと対比している。企業においても、各部署の権限は規則によって系統付けられているし、職階も明確になっている。官庁組織も企業組織も、個人の家計・財産・私信と、職務に関わる会計・財産・通信を明確に分離することを原則としている。この分離のために、官庁では〈Büro〉、私企業では〈Kontor〉と呼ばれる「事務所」が創設される——〈Büro〉の語源は、「書き物机」を意味するフランス語の〈bureau〉、〈Kontor〉の語源は、「勘定台」を意味するやはりフランス語の〈comptoir〉である。専門的訓練、職務への専念、規則への習熟についても両者に共通していると言える。

（「事務所の支配」を意味する）「官僚制」が、私企業と類似の合理的構造を備えるようになったことには、歴史的・現実的背景がある。官僚制が明瞭な形を取って発展した歴史的実例としてウェーバーは、（a）新王国時代のエジプト、（b）ローマ後期の帝政、（c）

一三世紀末以降のカトリック教会、（d）始皇帝時代以降の中国、（e）西欧の近代国家及び公共団体、（f）近代資本主義経営を挙げている。

このうち、（a）から（d）までは、官僚への俸給は基本的に実物給与であった。多くの場合、首長は、官僚に管轄地を割り当て、住民からの徴税を任せる。住民に対する支配権を与えることもある。これは、『職業としての政治』でも言及されていた、行政スタッフと統治のための物的財が結び付いた状態である。つまり、統治のための手段が官吏の手に握られている状態である。従って、官僚の首長に対する従属性の度合いが低くなると共に、官僚としての職務よりも、自らの利益を優先する傾向がある。官職が、官吏の私的営利の源泉と見なされ、売官が行われることもある。

貨幣経済の発展

官僚たちが、一般的な規則に従って自己を規律しながら、個人的な事情に左右されることなく職務に専念する、安定した体制を作るには、官職と、統治のための物的財を切り離す必要がある。そのためには、貨幣経済を基盤とした、貨幣で一律に税を徴収し、官僚への俸給を直接貨幣で支払う仕組みが有効である。貨幣経済の方が、税制から恣意《しい》的な要素を排除しやすいので、国家の財政は安定する。

一般的に、貨幣経済は人々の欲望を増幅させ、エゴイズムを蔓延させると考えられがちだが、ウェーバーは、貨幣経済の発展が、官僚たちが個人としての利害に直接左右されることなく、職務に専念できる環境を生み出すという、逆説的な構造を示唆している。プロテスタンティズムと資本主義の相関関係の場合のように、彼は貨幣経済が、それに関わる人たちの間に職務への忠実さに関わるエートスを育むことを見て取っていたわけである。

既に、『職業としての政治』に即して述べたように、大きな領域とそこに居住する住民を集権的に統治するようになった国家では、様々な利害と意見を調整し、大量の行政事務を専門的に担当する官僚制が必要になる。西欧近代では、既にかなり発達していた資本主義経済との関係からも、国家が資本主義的経営の手法を取り入れることが求められるようになった。


できるだけ迅速な、しかも精確で一義的で持続的な公務処理の要請は、こんにちではなによりもまず、近代資本主義的経済取り引きのがわから行政にたいしてなされている。近代資本主義的巨大企業それ自体が、通常、厳格な官僚制組織の無比の模範なの

> である。その商取り引きは、例外なく、作業の精確さ、恒久性、とりわけ迅速さの増大にもとづいている。このことはまた、近代的交通手段の特質によって制約されるのであるが、なかんずく新聞社の報道サービスはその最たるものである。公けの告示、経済的あるいは純政治的諸事実の伝達速度が、異常に迅速化したということ自身が、いまやそれだけで、そのときどきの状況にたいする行政の反応速度をできるだけ迅速化する方向に、不断の重圧を加えている。（濱嶋朗訳『権力と支配』講談社学術文庫、二〇一二年、二五七頁）

資本主義的企業と官僚制の相互依存

この箇所から分かるように、ウェーバーは資本主義的企業と官僚制は二つの側面で連動している、と見ている。一つは、企業の活動を維持・拡大するうえで、行政ができるだけ「迅速」かつ「精確で一義的で持続的」に公務を処理することが不可欠になっている、ということである。

アダム・スミス以降の英米系の古典的自由主義の議論では、政府が私人の経済活動にできるだけ介入しないよう抑制することが、経済発展にとって重要であることが強調されがちである。『プロテスタンティズムの倫理と資本主義の精神』の論調から分かるようにウェーバーはそうした見方自体を否定するわけではないが、他方で、合理的に組織された企業が生産・販売体制を維持・拡大していくには、経済関係の法制度が合理的に整備・運用され、交通・通信等のインフラが国家によって公共的に整備されていることの重要性も認識している。企業の規模と活動範囲が大きくなり、大量の物資を調達・供給するようになると、優れた問題処理能力を持った官僚制に依存——官僚制も、企業活動の各種の成果を利用している面もあることからすれば、相互依存——する度合いも大きくなると考えられる。

資本主義経済をベースとする現代国家は、個人の経済活動には原則的に干渉しないようにする一方で、大企業の活動を支えるために官僚制を整備しなければならない、という二律背反的な課題に直面する。現代でもたびたび論議されるこの問題に、ウェーバーは関心を向けていたわけである。

計算可能性と効率性

資本主義にとって最も本質的に重要なのは、行政事務が、個々の官僚の「人柄のいかんを問わずに ohne Ansehen der Person」、「計算可能な規則 berechenbare Regeln」に従って処理されることである。「人柄のいかんを問わずに」というのは、それを担当する人物がどういう身分・出自か、どういう個人的背景を持っているかに関係なく、規則通りに職務が執行されるということである。身分や出自に関係なく、（必要な能力さえあれば）誰でも対等の立場で参加できることは、市場における経済活動の最も基本的な条件であり、それと対応している。誰が担当するかによって対応が変わるようでは、安心してビジネスを遂行することができない。「計算可能な規則に従って」というのは、官僚機構に対してどういう状況でどういうアクションを起こせば、どういう手続きを経て、どういう結果になりそうか、ある程度の確実性をもって計算できるということである。ある意味、計算機のような正確さ、公正中立さによって問題が処理されることである。そうした意味での計算可能性がなければ、企業活動を計画的に行うことができない。要するに、官僚制が非人間化（entmenschlichen）され、各官僚が没主観的（sachlich）な専門家になる必要がある。

もう一つの側面は、資本主義的私企業の組織形態と、官僚機構のそれとが似ていることである。官僚制は、首長の下に物的経営手段（die sachliche Betriebsmittel）が集中することを特徴とするが、これは、大規模な資本主義的私企業に典型的に見られることである。企業が全て金銭の出し入れを組織として一元的に会計管理するように、官僚制国家は全ての経費を予算として計上する。上部機関は予算の枠内で、下部機関に経常的経営手段を付与し、その利用をコントロールする。

近代的官僚制が発達する以前の国家では、各地の領主や代官が自らの行政に必要な分を徴収し、その剰余分だけを国家に上納していたが、そのようなやり方では、税の徴収と使われ方が国全体として効率的に成されているかどうかを把握できない。資本主義的な大企業は、物的経営手段を一元管理することによって、無駄を省き、効率性を高める。官僚制国家も、予算を通して、自らを効率的に組織化するようになったのである。

民主制と官僚制

大衆の官僚制依存

この論考でウェーバーは、官僚制と民主制の間の微妙な関係について、近代官僚制の基本的特徴に即して原理的な考察を加えている。まず、物的経営手段を有する特権的な身分の者が行政スタッフとして活動する前近代の行政の仕組みとは違って、「官僚制」は、平等を基盤としている、ということがある。

つまり、官僚制組織は、通常、行政機能の担当にとって重要な意義をもっていた経済的および社会的差別が、すくなくとも相対的に、平準化されるということにもとづいて、支配権を獲得するにいたったわけである。官僚制組織は、同質的な小単位体の民主制的自治とは対蹠的に、とりわけ、近代の大衆民主制の不可避的な随伴現象である。このことは、なんといっても、支配行使が抽象的な規則にもとづくという、官僚制に特有な原理によっている。なぜなら、これ〔抽象的な規則にもとづく支配行使〕は、人的および物的な意味における「権利の平等」への要求から生じ、それゆえに、「特権」の忌避や「その都度」式の〔事務〕処理を原理的に拒否することから生じるからである。（前掲書、二七四頁）

特定の身分や出自の人が特権に基づいて支配権を行使していた前近代社会と違って、近代の大衆民主制の政治は、社会を構成する人々が平等な権利主体であり、支配する側とされる側が入れ替わる可能性が常にあること、及び、統治の対象となる社会の規模が大きく、人々の利害関係、ライフスタイル、価値観が同質的でないことを大前提とせざるを得ない。そのため、専門的な訓練を受けた官吏たちが、（個人的な事情を交えることなく）抽象的な支配原則に基づいて、全ての人を差別することなく扱うことを基本とする官僚制が、行政の手段として適している。どの官僚が担当しても、同じ結果になると予測できるような一般的規則に従って統治するという方針を貫かないと、人々を納得させ、社会の統合を維持することはできない。

先に見たように、人的・物的な手段を中央で一元的に管理し、専門的な知識を持った官吏たちがそれを運用する官僚制は、物的手段を握る特権階級の恣意的裁量に依拠していた前近代的な行政組織よりも、安上がりであるように思われる。少なくとも、金権制的特権は一掃されるはずである。しかし実際には、官僚制が民主制と連動しながら発展するのに伴って、国庫の現金支出が増大する傾向がある。

何故そうなるかと言えば、官僚を雇用しなければならないからである。国庫に税収を集約しても、国家が直接雇用しなければならない人員の数は増大する。政党レベルでも、民主的大衆政党は、自らを官僚制的に組織化するに際して、党職員、職業的な党書記を雇用するようになる。『職業としての政治』でも指摘されているように、選挙を中心に政党が組織化されるようになると、選挙民の支持を得て、それを繋ぎ留めることに専門的に取り組むスタッフが必要になる。

国家や政党が専門的で分業化された知識を持つ官僚たちによって、没主観的に運営されるようになると、政治の〝素人〟はそこで行われていることの是非に関して口を出しにくくなる。更に言えば、官僚制によって社会の秩序が維持され、各人への利益配分が保証される度合いが高まっていくと、大衆は官僚制なしにやっていけなくなる。現在の官僚制に不満があっても、大衆自身がそれを壊して、それに代わる仕組みをただちに作り出すことができない。大衆は次第に官僚制への依存を強めて行く。

こうした側面に眼を向けると、「民主化 Demokratisierung」というのは必ずしも大衆自身が政治を動かす主体になることを意味しているわけではないのが分かってくる。ウェーバーは、この点について以下のように明言している。

組織されない大衆という意味での民衆は、比較的大きな団体においては、みずからを

「統治 verwalten」するのではなく、統治されるのであり、統治する行政指導者(Verwaltungsleiter)の選抜方法やかれらに影響をおよぼす度合いを変更するにすぎないのである。この影響づけの度合いとは、民衆、またはより正しくは、民衆のなかから選ばれた他の一群の人びとが、いわゆる「世論」のたすけをかりて、行政活動の内容と方向に影響をおよぼすことができるものである。ここでいおうとする意味での「民主化」は、かならずしも、当該社会組織の内部で、被支配者が統治に能動的に参与する機会の増大、ということを意味するとはかぎらない。(前掲書、二七七頁:一部改訳)

平等への欲求と官僚の思惑の対立

ここから分かるように、ウェーバーは「民主化」に対しても、「大衆」の自己統治能力に対しても幻想を抱いてはいない。組織されていない大衆が、全体として、自己統治する能力を持っているわけではない。統治を担当することができるのは、ごく少数の、行政のための組織を有する集団である。大衆にできるのは精々、行政指導者の選出方法を変更することと、「世論」等を通して彼らに影響を行使することくらいである。「大衆」にとっての「民主化」とは、指導者に対して影響力を行使する可能性が増えることにすぎない。

一方、支配集団の側から見れば、「民主化」とは「被支配集団の平準化 Nivellierung der Beherrschten」という明確な意味を持っている。つまり、身分制や特権が廃止されることで、(支配集団を除く)民衆の間に不平等がなくなり、各人が同じ立場に立つようになることである。それは理念的には、各人が平等な権利主体になるということだが、現実に即した言い方をすると、みんな〝同じように〟、共同体的な絆を失った無力な大衆になるということでもある。それは、官僚機構による上からの統治＝管理(Verwaltung)がやりやすくなるということである。皮肉な見方をすれば、「民主化」とは、民衆が、官僚機構にとって扱いやすい、官僚支配に適合した大衆と化し、官僚に統治されることを自ら望むようになるプロセスである。

無論、〝民主化〟された社会では、平等への欲求が強まるので、官僚が支配者として特権的な地位にいることに対する反発も拡がる。ウェーバーは、被支配者の間から「権利の平等」を根拠として、官僚に対抗する動きが生じてくることを指摘している。その主要な要求は、①万人が官職に就けるように、封鎖的な「官職身分」の発達を阻止すること②「世論」の影響範囲を拡大すべく、官僚の支配権力を極小化すること――の二点である。

具体的には、官職に就くための専門資格の要件を外すこと、選挙によって常にリコール可能にすること、在職期間の短縮などである。

こうした民衆の要求は、官職を独占しようとする官僚の思惑と対立する。しかし、先ほど述べたように、民衆は官僚制なしでやっていくことはできない。〝民主化〟と連動する官僚制の発達は、こうした根本的な矛盾を抱えることになる。大衆が官僚を必要としながら、官僚を憎むというのは、現代日本でもよく見られる現象である。日本のマスコミやネット世論で、官僚——特に財務官僚、外務官僚、経産官僚——が日本が直面している様々な問題の元凶と見なされ、批判のターゲットになるのは、そうした両義的な感情の表れかもしれない。ウェーバーはこの矛盾の不可避性を見抜いていたわけである。

第三章　社会科学の方法論

――『社会科学と社会政策にかかわる認識の「客観性」』と『社会学の基礎概念』をめぐって

ウェーバーの立ち位置

新たな歴史学の方法論

ウェーバーは、『プロテスタンティズムの倫理と資本主義の精神』のような個別のテーマに関する研究だけでなく、歴史学や社会学の方法論に関しても、後世に影響を与え続ける体系的な仕事を残している。それは、彼が活躍した一九世紀末から二〇世紀初頭にかけての時代は、社会科学が諸分野に専門分化するのに伴って、各分野ごと、及び分野横断的に共有されるべき、方法論が求められるようになったからである。ドイツの哲学者・社会学者で彼の友人でもあったジンメル（一八五八―一九一八）や、同時代のフランスの社会学者デュルケーム（一八五八―一九一七）も、社会学の方法論に関する著作を刊行している。

ウェーバー自身が元々経済史、特に農業史の専門家であり、当時のドイツでは、経済学における「歴史学派」――ウェーバー自身も広い意味での「歴史学派」に属すると見なされることが多い――が社会科学全般に対して大きな影響力を持っていたこともあって、歴史学派との対決を通して、自らの方法論を確立することになった。
「歴史学派」というのは、アダム・スミスによって確立された古典派経済学の理論を、普遍的な理論枠組みとして受け入れて、ドイツ経済の分析にそのまま応用することを拒み、ドイツ経済固有の歴史的発展を探究するようになった、特殊ドイツ的な学派である。後進資本主義国であるドイツの現状と歴史的背景を考慮して、自由貿易の拡大に慎重で、保護主義的な主張を取る者が多かった。

ウェーバーは先ず、『ロッシャーとクニース、及び歴史学派の国民経済学の論理的諸問題』（一九〇三―〇六）で歴史学派批判の形で、新たな歴史学の方法論を展開する。ヴィルヘルム・ロッシャー（一八一七―九四）とカール・グスタフ・アドルフ・クニース（一八二一―九八）は、いずれも歴史学派の創始者とされる経済学者である。この著作でウェーバーは、ロッシャーたちが、自然科学的な法則とは異なる、歴史科学的な法則に基づいて、経済発展の過程を解明すると言いながら、その法則について論理学的に厳密な考察を加えるわけでもなく、また個々の歴史的事実を細かに観察して法則を導き出すわけでもなく、「民族 Volk」や「個人 Individuum」についての形而上学的な――つまり、検証しようがない――想定に基づいて議論を進めていることを指摘する。彼らは、そうした歴史発展の法則によっても捉えきれない個性的要因として、人間の自由意志に起因する非合理性の存在を示唆するが、ウェーバーに言わせれば、「自由意志」と「非合理性」が意味するところを明確に規定しないままイコールで結ぶのは粗雑な議論であり、歴史の中での人間の行為についての科学的解明を放棄することに他ならない。そうした問題を徹底的に批判したうえで、歴史的な出来事の因果連関の認識や、文化科学における価値の扱いについて、心理学や哲学の知見も踏まえながら、独自の見解を示している。

「科学的」というアイデンティティ

一九〇四年には、『社会科学及び社会政策雑誌』に論文「社会科学と社会政策にかかわる認識の『客観性』」——以下、「客観性」論文、と略記することにする——を発表する。これは、初期のウェーバーの方法論的立場を明示した論文とされている。この雑誌は元々、『社会立法・統計雑誌』という名称で、SPDの政治家でジャーナリストでもあるハインリッヒ・ブラウン（一八五四—一九二七）が編集していたが、一九〇四年以降、名称変更したうえで、ウェーバー、ゾンバルト、経済学者のエドガー・ヤッフェ（一八六六—一九二一）の三人が編集を引き継ぐことになった。

「客観性」論文は、新体制の下で最初に刊行された第一九巻に掲載されたこともあって、新編集部共通の基本姿勢を示す第Ⅰ節と、ウェーバー個人の見解を示す第Ⅱ節の二部構成になっている。第Ⅰ節の内容は、他の編集者の同意の下に執筆されている。

従ってウェーバー自身の方法論を知るうえで重要なのは、第Ⅱ節であるが、ここで展開されている議論の背景となった彼の問題意識をある程度把握しておくために、Ⅰ節の方も簡単に見ておこう。

『社会科学及び社会政策雑誌』という名称自体が示唆しているように、この雑誌に掲載される論文には、社会生活に関する事実の科学的探究に重きを置くものと、社会政策上の実践的課題に関する提言に重きを置くものがある。雑誌は、ブラウンの時代から「科学的 wissenschaftlich」であることを自らのアイデンティティとしており、その方針は揺るぎないことをウェーバー（たち新編集部）は明言する。では、実践的な論文はどういう位置付けになるのか？　実践的な判断をすることと、科学的方法論はどのように結び付くのか？

雑誌は、論文の著者たちが「価値判断 Werturteil」することを排除するという方針は取らない。問題は、自分が価値判断をする基準を明確に意識していないことである。自らの拠って立つ基準を、読者と自分自身に鋭く意識させることは、寄稿者の義務（Pflicht）である。

> この義務が厳格に守られさえすれば、実践的に態度を決め判断をくだすことは、純然たる科学のためにも、たんに無害であるだけでなく、直接に有用でもあり、それどころか、そうすることが〔義務として〕命じられることとさえある。というのも、立法その他の実践的提案を科学的に批判するさい、立法者の動機や、批判の対象とされる著述家の理想を、その意義において解明するには、かれらの根底にある価値規準を他の価値規準と対決させ、そのさい最善の方法としては、もとより自分自身の価値規準と対決させることによって初めて、判然と理解できる形式にまでもたらされることが、きわめて多いからである。他人の意欲にたいする意味のある価値評価は、いずれも、自分自身の「世界観」からの批判、自分自身の理想を基盤とする他人の理想との闘いであるほかはない。（富永祐治・立野保男訳／折原浩補訳『社会科学と社会政策にかかわる認識の「客観性」』岩波文庫、一九九八年、四六―四七頁）

「価値基準」を学問的に位置付ける

ポイントは簡単である。執筆者自身の「価値規準 Wertmaßstab」を明確にしたうえで、立法者や他の理論家のそれを批判すれば、お互いが拠って立つ「価値規準」が鮮明になる、ということだ。逆に言うと、「価値規準」を明確にしないまま批判すると、「価値規準」に基づく批判なのか、事実認識に関する批判なのか分からなくなる。そこを明確にするよう、執筆者は心がけないといけない。後でまた見るように、当事者とそれを分析する理論家がそれぞれ拠って立っている「価値規準」を浮かびあがらせ、それを学問的に位置付けることは、ウェーバーの方法論における重要なテーマである。

もう一つの義務は、この義務に必然的に付随するものである。科学的論及をしている箇所と価値評価を伴う論断をしている箇所、悟性に訴えている箇所と感情に訴えている箇所を分けて書き、読者、そして自分自身に区分がはっきり分かるようにするということである。それは学問的な議論をするうえでの基本のはずだが、現実にはそうなっていない論文が多い、とウェーバーは苦言を呈する。

この二つは、社会科学の方法論に限らず、私たちが知的な対話をする時の基本的なルールとして不可欠なことである。以下、ウェーバーから少し離れて、一般論を述べておこう。

私たちは日々様々な場面、テーマについて「価値判断」をしているが、それがどのような「価値規準」に基づいているのかはっきり意識していないことの方が多い。事実についての認識と「価値判断」が漠然と一体になっていて、いつのまにか〝判断〟している。そのため、他者との意見の食い違いが、事実認識のズレによるのか、拠って立つ価値の違いかが判然としない。

「価値規準」の違いではなく、事実誤認だと思うと、相手が愚かに見え、〝教えさとし〟たくなる。しかし、実際に、上から目線で相手を教えさとそうとすれば、相手の怒りを買い、余計に話が通じなくなる。事実の問題と、「価値規準」の問題を分けて考えることは、生産的な知的対話の大前提である。因みに、二〇一〇年に日本でもブームになった政治哲学者マイケル・サンデル（一九五三―　）による「ハーバード白熱教室」は、中絶、徴兵、臓器売買など、具体的な問題に対する意見表明を通して、討論者に自らの拠って立つ「価値規準」を明示させ、それを政治哲学の既存の学説と関係付けることを特徴としていた――日本のサンデル・ファンにはその肝心な処を理解せず、彼の司会力にだけ魅了されてしまう人が多かった。

そう考えると、事実の部分と、自らの「価値判断」を、はっきり分けて書くというのは、決着しようのない、不毛な〝論争〟を避けるための大前提である。大学入学時の基礎教育の中で学ぶべきことである。しかし、日本の〝一般向け人文書〟やジャーナリズムの文章には、そうなっていないものが極めて多い。〝読者〟には、そういう事実と価値が混在した文章を、〝著者の熱意が伝わる生き生きした文章〟として好む傾向がある。ウェーバーの苦言は、（〝生き生きした文〟がネット上を飛び交う）現代日本に生きる私たちにとって、決して他人事ではない。

「客観性」とは？

安易なディレッタント的傾向には否定的

論文の第Ⅱ節でウェーバーは先ず、雑誌に最も固有の研究領域は、「人間の社会生活の、社会経済構造がもつ一般的文化意義、ならびにその歴史的組織形態の科学的探究」と規定したうえで、そうした「科学的探究」においてどういうことに留意すべきかを論じている。『プロテスタンティズムの倫理と資本主義の精神』の場合と同様に、マルクス主義の「唯物史観」が否定的に参照されている。

「唯物史観」は、自らの「世界観」に基づいて、労働者問題に代表される、経済的な「動力」こそ、歴史を動かす「本来の」、唯一「真なる」、「究極において決定的な」要因だと主張する。ウェーバーに言わせれば、「唯物史観」による個々の歴史的現象の分析が妥当であるかどうかという〝以前〟の問題として、全ての歴史的現象あるいは文化事象に「真なる原因」があることをアプリオリな前提にするような議論の立て方自体が見当外れである。「唯物史観」に限らず、当時のドイツのアカデミズムでは、文献学から生物学に至るまでほとんど全ての科学に、自らは、単なる専門知識だけではなく、「世界観」を生産していると主張したがる傾向がある、という。例えば、人類学では、あらゆる歴史的出来事は、「究極において」、生来の「人種的資質」が相互に対抗し合った帰結であるとする信仰が広範に普及している。

ウェーバーの見方では、そうした傾向がはびこっているのは、個別具体的な文化事象を正確な素材の観察を通して具体的な原因へと帰属させる科学的研究を究めれば、単なる専門知を超えたものを獲得できるという期待があるからである。しかし、彼に言わせれば、そうした期待はディレッタント（趣味で学問する人）の思い込みにすぎない。そういう思い込みは、方法論的訓練を経て克服されるべきものである。

安易に〝普遍的な知〟を標榜したがるディレッタント的傾向に対して、ウェーバーは科学的探究に際して、対象にアプローチする自らの視点の「一面性Einseitigkeit」を自覚し、かつそれを積極的に活用することの重要性を強調する。社会現象を分析するには、様々な観点がありうる。何らかの特定の視点を取らない限り、研究は始まらない。

> 文化生活ないしは――これよりもおそらくは狭義であろうが、われわれの目的にとっては本質上まったく同じことを意味する――「社会現象」の分析であって、特定の「一面的」観点をぬきにした、端的に「客観的な」科学的分析といったものは、およそありえない。社会現象は、――明示的にせよ黙示的にせよ、あるいは、意識的にせよ無意識的にせよ――そうした一面的観点にしたがって初めて、研究対象として選び出され、分析され、組織立って叙述される。（前掲書、七二―七三頁）

「一面性」に徹する

社会科学が社会現象にアプローチする際には、不可避的に特定の側面に照準を定め、「研究対象 Forschungsobjekt」を選び出している。科学的な「客観性 Objektivität」というのは、選び出された「対象＝客体 Objekt」の客観性であって、どのような観点からどのように現実にアプローチする場合でも無条件に妥当する〝客観性〟はありえない。そもそも、条件を設定しない限り、分析すべき「対象＝客体」が確定しないのであるから、〝客観性〟という言葉に意味はないのである。

このことを踏まえていないと、先に「唯物史観」に即して見たように、自らが突き止めたもの、自らが見ているものが、世界の真の姿であるかのような幻想に陥り、自らの出発点となった「観点 Gesichtspunkt」の一面性を忘れてしまうことになるわけである。ウェーバーは、科学に携わる者が、自らの方法論の「一面性」を自覚し、それに徹すること、言ってみれば、禁欲的になることを要請する。こういう言い方をすると、窮屈で退屈に聞こえるかもしれないが、「一面性」に徹することには、ウェーバー自身が述べているように、「観察眼が訓練され、同一の概念用具と方法的装置を使いこなすことができて、分業にそなわる利益がことごとく手に入る」、というメリットもある。

こうした「一面性」は、社会科学だけではなく、全ての科学に当てはまることだが、自然科学の場合、「対象」の確定の仕方は自ずから限定されているように思える。天文学の対象である天体、生物学の対象である生物、地質学の対象である地層や岩石などが、どういうものであり、それらにアプローチするにはどういう手段があるか自ずから限定されているように思える。ウェーバーも、量的に計測できる側面から対象にアプローチする精密自然科学と、事象の示す質的な側面にも注目し、対象を追体験しつつ「理解 verstehen」する社会科学は異なっていることは認める。ただし、そうした量か質かという違いは、それほど決定的な問題ではない。自然科学でも、（対象を数学的に形式化したうえで把握する純粋力学を除いて）多かれ少なかれ、対象の「（性）質 Qualität」も考慮に入れる——日本語で「質」というと、品質を連想しがちだが、英語の〈quality〉やドイツ語の〈Qualität〉には、量的には把握できない、その対象に固有の「性質」という意味もある。生物学は、生物の種ごとの見かけや行動パターンの違いに、化学は、液体の色や形状、匂いなどに、地質学は岩石や地層の質に着目し、そこから研究を始める。純粋に数値だけを問題にするわけではない。

一般的なイメージとして、自然科学は、対象を数量化したうえで、数量相互の関係を、普遍的な「法則 Gesetz」によって把握するものと考えられている。それとの類比で、貨幣経済的流通は、数量化可能なので、「法則」的に把握できると考える人たちがいる。ウェーバーに言わせれば、それは「法則」の定義の問題である。数量的には把握できない規則性、例えば、人間の合理的行為が示す「規則性 Regelmäßigkeit」を、「法則」に含めて考えることもできないわけではない――『プロテスタンティズムの倫理と資本主義の精神』は、そうした合理的行為の規則性を探究したケース・スタディと言える。

社会科学的探究における「法則」の位置付け

肝心なのは、社会科学的探究における「法則」の位置付けである。自然科学においては、同じように見える諸現象に共通の「法則」を見出すことが、研究の目標とされることが少なくない。そこで、数量相互の関係を扱う数学が、「法則」を表現するために用いられる。社会科学でも、人々の行為の心的条件とその帰結を探究する「心理学」にその役割を担わせれば、「法則」的なアプローチを拡大することができるのではないかと考える人たちがいる。ウェーバーに言わせれば、たとえ心理学の進歩によってそれが可能になったとしても、「法則」的に反復されるものを探究することによって、社会経済的認識の目標が達成されるということはない。あるいは、人間の協働生活を構成する因果的な結合の、単純な究極の「要因Faktor」を見出すことができたとしても、目標が達成されたとは言えない。そうした「法則」や「要因」から、文化世界（Kulturwelt）における、私たちの生活の現実が演繹《えんえき》的に導き出されることなどないからである。

諸現象を引き起こす「法則」や「要因」、及びそれらの相関関係を示す方程式が判明すれば、ほとんど全ての現象を演繹的に再構成できる物理学等と、歴史的に与えられた文化世界の社会科学では関心のあり方が異なる。「法則」や「要因」を探究することは、社会科学にとって予備的意味しか持たない。極端な言い方をすれば、動物界及び植物界の生物発生学的認識の基礎として、有機化学における化合の例を示してくれる事典程度の役割しか果たさない。

それゆえ、上述の（仮定上の）「法則」や「要因」を確定することは、われわれにとっては、いずれにせよ、われわれの追求する認識に到達するためのいくつかの研究段階のうち、最初の段階にすぎない。上述の「諸要因」の、そのつど歴史的に与えられた個性的な集合と、それら「諸要因」の、この歴史的集合によって制約された、具体的な、独特の意義をそなえた協働作用とを、分析し、秩序づけて叙述すること、そしてとりわけ、この意義の根拠と性質とを理解させることが、第二の段階であろう。これは、なるほど、上記〔最初の段階〕の予備研究を用いて解決されるべきではあるが、それにたいしてまったく新しい、独立の課題である。つぎに、すでに生成したこの集合のもつ、現在にとって意義のある個々の個性的特徴を、できるかぎり過去にまで遡り、これまた個性的な先行の布置連関から、歴史的に説明することが、第三の段階であろうし、――最後に、未来における可能な布置連関を見定めることが、考えられる第四の段階となろう。（前掲書、八一―八二頁）

固有の質の解明

抽象的な記述なので少し分かりにくいが、『プロテスタンティズムの倫理と資本主義の精神』のような宗教社会学的研究を想定しながら、筆者（＝仲正）なりの解説を加えておこう。第一段階に当たるのは、人間を特定の行為へと動機付ける欲求にはどのような種類があり、それらの相対的強度がどのように決まるかとか、人間の行為を規制する社会規範にはどのような種類のものがあり、それらはそれぞれどのような条件下でどのような拘束力をどれだけの期間発揮するか、宗教は社会の統合・解体に関してどのような機能を担っているか、といった一般的な前提を確定する作業だろう。第二段階では、プロテスタンティズムの諸派のような、歴史的に形成された宗教的な集合体に注目し、そのグループに属する人が身に付けているエートスや経済に対する姿勢を観察し、それらをどのように特徴付けられるか、それがどのような意義を持っているか——第一段階で確認した一般的知見によって自らの推論のプロセスを検証しながら——追体験的に理解することが試みられる。第三段階で、どうやってそうしたエートスが形成されてきたかを歴史的に説明することが試みられ、第四段階で、それが未来においてどう変容していくか予想する、というような展開になるだろう。

このように、「対象」の歴史的に形成された固有の質を解明することに焦点を合わせるウェーバーの「社会科学」観は、数理的に定式化される「法則」を探究することに主眼を置くアプローチが経済学や社会学において大きなウェートを占めている現代の社会科学の現状には合わないようにも見える。ただ、いわゆる〝理系的手法〟を導入しさえすれば、〝客観的〟になる、と安易に思い込んでしまう、生半可な学問マニアたちに、反省を促すという役割は果たせるかもしれない。自分が何を知ろうとしているのか、自らの関心に基づいて、「対象」を明確にしない限り、その人にとっては、いかなる〝客観性〟もあり得ないのである。関心の対象さえ定まっていないのに、〝最先端の理論〟の外見的カッコよさに憧れて、それしかないと思い込んでしまうのは、学問からほど遠い態度である。

「価値」の問題

「価値理念」を見出す

ウェーバーは、文化現象の「意義 Bedeutung」を探究する学問において、「法則」中心のアプローチに限界がある理由として、「価値理念 Wertidee」の介在を指摘している。我々がある文化現象に探究すべき「意義」を見出すことができるのは、自らの思考の中で、その現象を「価値理念」と結び付けているからである。「価値理念」の問題を抜きにして、文化現象にアプローチすることはできない。

ところで、なにが、われわれにとって意義をもつかは、当然のことながら、経験的に与えられたものを「無前提に」研究することからは推論されず、むしろ、そうした意義を確定することこそ、なにものかが研究の対象となるための前提をなすのである。もとより、意義あるものは、それ自体としてなんら法則そのものとは一致せず、しかも、当の法則が、普遍妥当的となればなるほど、そうである。というのも、実在のある構成部分が、われわれにたいしてもつ特定の意義は、もとより、その部分ができるかぎり多くの他の部分と共有する関係のうちに、見いだされるわけではけっしてない。実在の価値理念への関係づけが、当の実在に意義を付与するのであるが、そうすることによって色彩づけられた実在の構成要素を、その文化意義という観点のもとに抽出し、秩序づけることは、当の実在を分析して法則に下属させ、一般概念のなかに秩序づけることとは、まったく異質な別の観点「のもとになされること」である。

（前掲書、八三—八四頁）

多くの物に普遍的に認められ、かつ、ある程度機械作業的に確認できる性質——質量、速度、密度、電気抵抗等——に照準を合わせる、自然科学の「法則」的なアプローチと違って、文化現象を研究する場合には、自ら着眼点を設定する必要がある。現象をじっと観察していたら、着眼すべき性質が自然と浮き上がってくるなどということはない。文化現象は無限に多くの、相互に複雑に絡まり合った性質を含んでいる。

そこで参照されるのが、「価値理念」である。プロテスタンティズムを研究するのであれば、禁欲とか経済的合理性等を、考慮に値する「価値理念」として設定し、それを見出すべく努力することになる。ただし、そうした「価値理念」を示すような慣習や行動パターンを、全てのプロテスタント、あるいはその共同体に見出すことができるとは限らないし、それを数値化した形で捉えることができるとも限らない。私たちが設定する「価値理念」が、普遍的な「法則」性を示すとは限らないのである。逆に言えば、普遍的な法則性を示す現象であっても、そこに「価値理念」を見出すことができなければ、研究する意義はないのである。

いったん「価値理念」に基づいてどういう側面に着目するか決定されれば、実在する対象の内に当該の構成要素を同定し、一定の論理に従って相互に関連付けることができるようになる。そうした自らの観点を確定する論理を見出すことが、社会科学の研究にとって肝心である。

因果的連関、つまり帰属の問題

この点について、また少し、私なりの学問論を補足的に付け足しておこう。社会科学に限らず、文化現象に関わる学問、いわゆる文系の学問で、修士論文や博士論文のような、かなりまとまった量の論文、あるいは、専門書を書く場合、冒頭で、自分が何に注目し、どういう角度からその事象にアプローチしようとしているのかを明確に規定することが必要になる。その規定に即して、その方面での先行研究の成果を要約し、論文を通して自分が何を新たに証明しようとしているのか、その方面での研究にどう貢献できると思っているのかを表明する。それが、全体に対する導入あるいは序論になる。自分自身がどういうアプローチをしたいのかが決まらなければ、何が先行研究で、それらに対してどう距離を取るべきかが定まらない——〝先行研究〟らしきものを漫然と読んでいたら、何かオリジナルなアイデアを思い付けると思い込んでいるのは、学者の卵にさえなっていない未熟者である。

本論に戻ろう。ウェーバーは、「価値理念」を前提としながら現象を説明する社会科学においては、自然科学とは違った形で因果的連関が構成されると主張する。

それゆえ、つねに無限に多様な個別現象の特定の側面、すなわち、われわれが一般的な文化意義を認める側面のみが、知るに値し、それのみが因果的説明の対象となるのである。この因果的説明そのものも、これまた同一の現象を呈示する。すなわち、なんらかの具体的現象を、その十全な現実性において漏れなく因果的に遡及することは、じっさい上不可能なだけでなく、まったく無意味でもある。われわれは、個々のばあいに、ある出来事の「本質的」な構成部分が帰属されるべき原因だけを、摑み出す。ある現象の個性が問題とされるばあい、因果問題とは、法則を探究することではなく、具体的な因果連関を求めることである。当の現象を、いかなる定式に、その一範例として下属させるか、という問題ではなく、当の現象が、結果として、いかなる個性的布置連関に帰属されるべきか、という問題である。つまり、それは、帰属の問題である。(前掲書、八七―八八頁)

「方法的に訓練された想像力」

自然科学、特に物理学や化学の実験系の研究では、いろいろと条件を変えながら実験を行うことで、問題にしている現象を引き起こしている原因の候補を絞り込んでいくことが可能だが、文化現象を相手にする場合には、それと同じ要領で探究を進めることはできない。原因として考えられることが無数にあり、それらが渾然《こんぜん》と絡まり合っているので、曖昧さが残らない形でその候補を定式化したうえで、リストアップすることはできないし、社会の在り方そのものに関わる事象であれば、実験的なことをすることはできない。例えば、犯罪や自殺の発生の原因や、特定の宗派の信者が多い原因などを、実験的手法によって確かめることは技術的にも社会通念的にも不可能だろう。

「Bが生じる場合、必ずその原因としてAが作用している」というような形で、普遍的な因果法則を確立することを、社会科学では無意味だとウェーバーは断言する。社会科学者は、自らが関心を持つ現象の「本質的 wesentlich」な構成部分を、自らの「価値理念」に従って特定したうえで、それをいかなる「原因」に「帰属 zurechnen」させるかを個別に判断する。「帰属」させるに際して、先に見たように、推論における誤りを犯さないため、既知の「法則」を利用するが、「法則」はそれ以上の役割を演じない。方程式のようなものを解くことによって、機械的に原因を割り出すことはできない。

無論、単なる学者の勘のようなものによって、因果関係を決定するわけではない。一連の現象の中で、ある要素を「結果」と見、同じ連鎖の中にある他の要素がそれに原因として作用したと見なすに際しては、後者が前者の原因になることが一般的に予想できるかが問題になる。一般的な規則性から見て、当該の「結果」が、推定される原因から無理なく、「適合的 adäquat」に導き出されるかを検討し、「適合的因果連関 adäquate ursächliche Zusammenhänge」を構成するわけである。その作業には、経験に裏打ちされ、「方法的に訓練された想像力 die methodisch geschulte Phantasie」が必要になる。

「価値自由」という基本姿勢

例えば、ある地域で他と比べて資本主義が高度に発達した原因を考察するとすれば、候補として、宗派、政治体制、教育……など、注目すべき要因を列挙したうえで、他の時代や国の諸事例から観察できる規則性に照らして、候補を絞り込む。各候補ごとに、それを原因として資本主義が高度に発達することがどれくらいありそうか、逆にその要因がなかったとしても、同じように資本主義が高度に発達することが考えられるかを検討することになる。AとBを等号で結べるような必然的な繋がりではなく、AからBが生じる「客観的可能性 die objektive Möglichkeit」を調べるわけである。「客観性」論文自体では、「客観的可能性」がどういうものか具体的に示されていないが、古代史家エドワルト・マイヤー（一八五五—一九三〇）の歴史学は体系的な科学ではないという主張を批判するために執筆された論文「文化科学の論理学の領域における批判的研究」（一九〇六）では、ペルシア戦争やカエサル暗殺などを例にして詳細に論述されている——両者の論文を一冊にまとめて訳したものとして、森岡弘通訳『歴史は科学か』（みすず書房）を参照。

このように「価値理念」を出発点とする、社会科学を含む文化科学全般は、個々の研究者がどの「価値理念」を選ぶかによって、その後の研究のやり方が規定されるという意味で、「主観的 subjektiv」であることは否定しえない。ウェーバーもそれは認める。しかしながら、「価値理念」は、研究者が全くの真空の中から生み出すものではない。「価値理念」を選び出す研究者の「観点」は、彼が属する「文化」の性格と、それに由来する彼の時代の支配的思想によって拘束されている。当然、「文化」というのは変化しない実体ではなく、「世界に起こる、意味のない、無限の出来事のうち、人間の立場から意味と意義とを与えられた有限の一片」（前掲書、九二頁）にすぎない。つまり、人々の文化認識を規定する「文化」自体が、人々の見方によって規定されているという循環関係にある。そのため、「文化」は変動し続け、それに伴って研究者たちが注目する「価値理念」も変動する。完成された概念体系が構築されることはないのである。

だからこそ、先に見たように、研究者にとって、自らが現にどういう「価値規準」を抱いて、どのように「価値理念」を選んでいるのか、自分の足場になっている「文化」観や思考規範も視野に入れながら明らかにし、それらを自明の理と思い込んでしまわないようにすることが重要になるのである。後にウェーバーは、研究者が、自らが対象に対して抱いている、望ましい／望ましくないといった「価値判断 Wertung」を明らかにし、それを、（分析対象となる当事者たちの振る舞いの根底にある「価値関係 Wertbeziehung」の解釈を含む）事実認識に可能な限り持ち込まないようにすることによって、社会科学が経験科学としての性格を保つこととの重要性を強調するようになる。彼は、そうした基本姿勢を「価値自由 Wertfreiheit」という言葉で表現している。

「理念型」の問題

経済学の理論的な考察

「客観性」論文でウェーバーは、社会科学的な諸概念は、「理念型 Idealtypus」として構成されることを指摘している。「理念型」とは、ざっくりと言えば、数式などによる法則の抽象的な定式化と、現象の個別具体的な記述との中間に位置するものである。つまり、個々の現象から共通項を括り出して、ある一定の類型にまとめてイメージ化したうえで、ごく一般的あるいは平均的な状況では、その類型がどのように動くかシミュレーションしてみるわけである。これは、社会科学に限らず、我々が思考実験している時に自然とやっていることである。

当時のドイツ語圏の経済学では、経済現象の歴史的記述を重視する、シュモラー（一八三八―一九一七）を筆頭とする新歴史学派と、「限界効用の法則」などの抽象化された法則によって経済学を精密科学化することを目指す、メンガー（一八四〇―一九二一）を創始者とするオーストリア学派が対立していた。両者の間で一八八〇年代から九〇年代にかけて「方法論争 Methodenstreit」が展開された。ウェーバーは、その両極端の立場から距離を取りながら、経済学の理論的な考察には、「理念型」による思考が重要であることを示唆する。

われわれには、抽象的経済理論は、歴史現象の「理念」と呼びならわされている総合の一例として現れている。それは、われわれに、交換経済的社会組織、自由競争、および、厳密に合理的な行為のもとで、財貨市場において繰り広げられる事象の理想像を提供してくれる。思考によって構成されるこの像は、歴史的生活の特定の関係と事象とを結びつけ、考えられる連関の、それ自体として矛盾のない宇宙〔コスモス〕をつくりあげる。内容上、この構成像は、実在の特定の要素を、思考の上で高めてえられる、ひとつのユートピアの性格を帯びている。経験的に与えられた生活事実にたいする、この構成像の関係は、もっぱらつぎの点にある。すなわち、その構成像において抽象的に提示されている種類の、つまり「市場」に依存する事象の連関が、実在のなかでなんらかの程度まではたらいている、と確定または推定されるばあい、われわれは、その連関の特性を、ひとつの理念型に照らし、効果的な仕方で具体的・直観的に把握できるように描き出し、理解させることができる、という点である。（前掲書、一一一—一一二頁）

ひとつのユートピア

ウェーバーに言わせれば、メンガーたちが想定しているような、抽象的に理論化された

「市場」は、文字通りの意味で実在するものではなく、「市場において人間は●●の目的のために▲▲という行動をする」、といった形の仮定に基づくモデル、市場の理想像として「構成されたもの Konstruktion」である。こうした「構成（された）像」を使うことによって、理論家は、現実の市場でどのようなことが起こっているか、具体的な形でイメージし、シミュレーションしているわけである。そうした像によるシミュレーションが、現実に対応していることが確かめられた時、その理論の有効性が証明されたことになる。

そのように現実の本質的な部分を抽出する形で構成された像が、「理念型」である。社会科学の「理論」は、メンガーのそれのような抽象的普遍性を志向するものであれ、シュモラーたち歴史学派のそれのように「歴史的個体」の具体的記述を目的とするものであれ、「理念型」を用いている。「理念型」は、抽象化された理念と、個別具体的な現実の中間にあり、両者を繋ぐ役割を果たす。

> 研究にとって、こうした理念型概念は、帰属にかんする判断力を錬磨する効用をそなえている。理念型概念は、「仮説」そのものではないが、仮説の構成に方向を指示してくれる。それは、実在の叙述そのものではないが、叙述に一義的な表現手段を与え

てくれる。(……)こうした理念型が獲得されるのは、ひとつの、あるいは二、三の観点を一面的に高め、その観点に適合する、ここには多く、かしこには少なく、ところによってはまったくない、というように、分散して存在している夥しい個々の現象を、それ自体として統一されたひとつの思想像に結合することによってである。この思想像は、概念的に純粋な姿では、現実のどこかに経験的に見いだされるようなものではけっしてない。それは、ひとつのユートピアである。(前掲書、一一二―一一三頁)

社会科学的探究を「客観性」に導く

この箇所から分かるように、「理念型」を積極的に用いることには、二つの側面でのメリットがある。一つは、研究者が適合的因果連関を構成するに際して、自分の主観的な思い込みに都合のよい恣意的な判断をしないよう、自らの想像力に拘束を課すことができる、ということだ。個別のケースについての判断を、その都度、標準となる「理念型」と照らし合わせ、ズレていたら補正することで、一貫性のあるものにすることができる。もう少し分かりやすく言えば、自分で自分の考え方のルールを決め、それに即して考えるよう努力するということだ。例えば、『プロテスタンティズムの倫理と資本主義の精神』であれば、プロテスタントの勤労のエートスについての「理念型」を規定したうえで、関連する個々の史料や統計データについての自分の読みや叙述がそれにちゃんと対応しているか、大きく逸脱していないかを検証しながら、議論を進めていくわけである。

もう一つは、自然現象と違って、観察の対象となる全ての個体や事例に共通する指標を見出すことが事実上不可能な文化現象を分析するに当たって、暫定的な手がかりを得られる、ということがある。全てではなくても、その大多数に共通している指標を指定して、それを手がかりにその現象の統一的な「思想像 Gedankenbild」を形成することで、その現象がどのように生じ、どのような影響を及ぼしたかシミュレーション（＝理念型）し、仮説を立てることができる。そのシミュレーションと仮説に従って、もう一度、各個体の振る舞いや事例を観察、検討し、ズレていれば、もう一度「理念型」を作り直すという作業を繰り返すことで、次第に真実に近付いていけると考えられる。

「理念型」は、社会科学に限らず、ほとんど全ての知の分野で、研究者たち自身に意識されると否とにかかわらず使用されている。幾何学や解析幾何学で図形を思い浮かべながら証明したり、物理学で抵抗のない状態における質点の運動を考えたり、化学で分子の結合をイメージしたりするのも、「理念型」による思考である。哲学の認識論で、主体である私と客体の関係を、その空間に対象がたった一つしかない架空の事例に即して考えたり、倫理学で、究極の選択状況で、五人の他人の命と一人の身内の命のどちらを救うべきか考えたりする際にも、「理念型」が使用される。「理念型」は社会科学専用の道具ではない。

ただし、「理念型」に基づいて仮説を数理的に定式化するのが容易である数学・自然科学や、客観的なデータによって因果連関を明らかにすることが必ずしも求められない哲学や文学などの人文系の学問と違って、社会科学は、不揃いで規則性を見出しにくいデータの中から、多数の事例を説明できる仮説を立てることが求められる。そのため、「理念型」を意識的かつ有効に使う必要性がより大きいわけである。

社会科学が経済学、社会学、歴史学等の諸分野へと明確に分化し始めた時代にあって、社会科学的探究を、それが目指す「客観性」へと導くルールについて徹底的に考え、洗練された方法論を示したことは、ウェーバーの大きな功績である。

「社会学」とは何か

「理解社会学」

これまで本書で何度か言及してきた未完の大著『経済と社会』の中に、後期のウェーバーの方法論的考察を要約した「社会学の基礎概念」という論考が含まれている。タイトルが示す通り、この論考でウェーバーは、「社会学」とはどういう学問であるかという所から出発して、方法論上の基礎となる諸概念を提示している。

「社会学」という言葉は、非常に多くの意味で用いられているが、本書においては、社会的行為を解釈によって理解するという方法で社会的行為の過程および結果を因果的に説明しようとする科学を指す。そして、「行為」とは、単数或いは複数の行為者が主観的な意味を含ませている限りの人間行動を指し、活動が外的であろうと、内的であろうと、放置であろうと、我慢であろうと、それは問うところではない。しかし、「社会的」行為という場合は、単数或いは複数の行為者の考えている意味が他の人々の行動と関係を持ち、その過程がこれに左右されるような行為を指す。（清水幾太郎訳『社会学の根本概念』岩波文庫、一九七二年、八頁）

この箇所でウェーバーは、自らの「社会学」観のエッセンスを極めてコンパクトに示している。「社会学」が、「社会的行為 soziales Handeln」を研究する学問であるというのは当たり前のことであるが、ウェーバーは、行為が行われる「過程」とその「結果」を外から客観的に観察し、記述するだけでなく、それらが行為者にとってどういう「意味 Sinn」を持っているか「解釈 deuten」し、彼の行為が辿っていく因果連関を、「意味連関 Sinnzusammenhang」として「理解 verstehen」しようとするわけである。別の言い方をすれば、行為者が、自らを取り巻く状況をどのように把握し、何を目的としてその行為をしたのか、その文脈を再構成することを試みるわけである。

これは、自然科学の方法を社会学に応用し、（人々の行為を外から客観的に規定する）社会システムの運動を機能的に解明することを目指した、社会学の創始者コント（一七九八—一八五七）から、英国の社会進化論者スペンサー（一八二〇—一九〇三）を経て、デュルケームへと継承される「実証主義 positivism」の流れとは対照的なアプローチである。当然、社会調査によって得られた統計的数値の間の相関関係を数理的に分析することに主眼を置く、現代の計量社会学とは異質である。行為者にとっての主観的な「意味」を明らかにすることに重点を置く、自らの社会学をウェーバーは、「理解社会学

verstehende Soziologie」と呼ぶ。

「理解する」とは何か

では、行為者にとっての「意味」を「理解する」とはどういうことなのだろうか。ウェーバーは、二つの異なった「理解」の在り方があるとしている。一つは、行為の主観的意味の「直接的理解 das aktuelle Verstehen」である。「例えば、2×2＝4という命題を聞いたり読んだりすれば、私たちは、その命題の意味を直接に理解するし（観念の合理的直接的理解）、怒りの爆発が表情や怒号や非合理的行動に現れれば、それを理解するし（感情の非合理的直接的理解）、また、木を切り倒す人間の行動とか、ドアを閉めようとしてハンドルに手を伸ばす人間や、銃で動物を狙う人間の行動も理解する（行為の合理的直接的理解）」（前掲書、一四―一五頁）。これらのケースでは、行為が行われた瞬間に、あたかもそれが自らの行為であるかのように、その「意味」が自明のものとして理解される。他者の行為と「私」の間の距離が感じられないわけである。

しかし、「理解」は瞬間的に成立するとは限らない。そこにどういう「意味」があったのか、事後的に考えねば理解できないこともある。それが、もう一つの「理解」の仕方である「説明的理解 erklärendes Verstehen」である。例えば、木を切り倒す人間の行為が、給料のため、自家用のため、気晴らしのためというように、その動機が合理的目的を持っていることが分かる場合、そうした理解は「合理的動機理解 rationales Motivationsverstehen」と呼ぶことができる。それに対して、そうした目的がなく、興奮や復讐心、嫉妬、虚栄心などの感情が動機になっていると分かれば、その行為を非合理的動機によるものとして理解できる。合理的であれ非合理的であれ、どのような動機から一連の行為をしたのか、事実的過程に即して説明することができれば、理解したことになる。

つまり、非合理的な感情まで含めて、行為者を行為へと動かした——直接的あるいは説明的に判明する——意味の連関を把握することが「理解社会学」の課題になるわけである。何らかの目的の実現を目指しているようには見えない行為、あるいは、「目的—手段」という観点から見て非合理的な行為であっても、その行為が行為者にとって「意味」がある限り、社会学的理解の対象になるのである。経済学を始めとする、社会科学の諸分野が二〇世紀に入る頃から次第に、「合理的人間」像に基づいて理論を構築することを目指すようになるなかで、ウェーバーは、「意味連関」の「理解」という側面から、非合理的に見える行為までも社会学の射程に入れようとしているわけである。このことは、晩年の彼が、人々の行為と宗教的な信念の関係を探究する、宗教社会学と取り組んだことと密接に関係していると思われる。

哲学の応用分野のようなアプローチ

様々な資料を手掛かりにして、行為主体を導いている意味連関を明らかにしようとするウェーバーのアプローチは、社会科学というより、或る意味、哲学の応用分野であるかのような様相を呈している。実際彼は、言語や芸術等に「表現」されている他者の「体験 Erleben」を「理解」することを目指したディルタイ(一八三三―一九一一)の「解釈学」や、そのディルタイの素朴な心理主義的傾向を批判し、各人の文化的生の根底にある「文化価値 Kulturwert」に焦点を当てる哲学的な「理解」の方法を構築しようとした、新カント学派のリッケルト(一八六三―一九三六)の「文化科学」などを、積極的に摂取し、それを自らの理論に活かしている。ウェーバーが、哲学的に精緻化された概念によって、社会学を基礎から構築しようとしたのは確かである。

ただし、「理解社会学」が「社会学」である以上、分析の対象やアプローチの仕方は哲学や芸術批評とは異なる。ウェーバーは社会学における理解の対象の捉え方を以下の三つに分類している：(a) ある具体的なケースにおいて実際に想定される意味や意味連関（歴史的研究）(b) 平均的あるいは近似的に想定される意味や意味連関（社会学的大量観察）(c) 頻度の高い現象の純粋類型（理念型）として科学的に構成される（「理念型的な」）意味や意味連関。「客観性」論文に即して見たように、ウェーバー自身が特に力を入れて洗練しようとしたのは、(c) である。

「因果適合的」

ウェーバーは、「類型的行為 typisches Handeln＝理解可能な行為 verständlicher Handlungstypus」の因果的に正しい解釈は、「意味適合的 sinnadäquat」であるだけでなく、「因果適合的 kausal adäquat」である必要があることを指摘している。「意味適合的」というのは、その振る舞いの「諸部分の関係が、思考や感情の平均的習慣から見て類型的な意味連関と認められ得る程度の連関性がある経過を辿っている」ということである。簡単に言えば、よくありそうな行動パターンと一致しているので、どういうつもりでやっているのか、その思考や感情の流れを読むことができる、ということだ。「因果適合的」というのは、「経験則から見て、いつも実際に同じような経過を辿る可能性が存在する程度の諸過程の前後関係がある」ことを指す。これは、統計的な視点から見た蓋然性《がいぜんせい》ということである。つまり、こういうことが起こったら、次にこういうことが起こる、とある程度の確実さをもって予測することができる、ということだ。「意味適合性」が行為者の内面の動機に関する解釈の可能性だとすれば、「因果適合性」は、出来事の外的類似性に基づく予測の可能性ということになるだろう。

意味適合性が欠けている場合は、その経過——外的にしろ、心理的にしろ——の規則性が非常に大きく、その蓋然性を数量的に厳密に記述し得ても、理解不可能な、（或いは、不完全な理解のみが可能な）統計的蓋然性があるに過ぎない。他面、社会学的認識そのものの射程という見地からすれば、非常に明確な意味適合性でも、その行為が明らかな頻度或いは近似で（平均的に、或いは、「純粋な」ケースにおいて）実際に意味適合的と思われる経過を辿るであろう明らかな可能性の存在が示される限りにおいてしか、正しい因果的命題を意味することにはならない。右のような、或る社会的行為の理解可能な主観的意味に対応する統計的規則性のみが、（ここで用いられる意味での）理解可能な行為類型、つまり、「社会学的規則」なのである。右のような、意味の理解が可能な行為という合理的構成物のみが、現実の現象の社会学的類型であって、この類型は、現実には少なくとも或る近似において観察することができる。推定可能な意味適合性があっても、さればといって、それに対応する経過が生じる頻度の事実上の蓋然性が増加するというわけではない。（前掲書、二〇―二一頁：一部改訳）

ウェーバーは、統計的な規則性を否定しているわけではなく、むしろ理解社会学にとっても不可欠であるという前提に立っている。しかし、その規則性が「意味適合的」に解釈可能な「社会学的規則 soziologische Regeln」になっていなければ、社会学的に無意味な数字にすぎないわけである。例えば、単純な死亡統計は、社会学的な意味を持たない。人がどういう動機でどういう犯罪を犯すかについての情報を含んだ犯罪統計であれば、「社会学的規則」となり、社会学的類型を構成できる可能性がある。

このように「理解」に主軸を置くウェーバーの方法を更に発展させたのが、オーストリア出身でアメリカで活動したアルフレート・シュッツ（一八九九―一九五九）の現象学的社会学である。それは理解社会学と、主体／客体が明確に分離する〝以前〟の事象それ自体に遡及することを目指した、フッサール（一八五九―一九三八）の現象学を方法論的に融合したものである。この方法論によって彼は、「生活世界 Alltagswelt」において日常を生きている人々の相互作用を通して、社会的行為の「意味」が生成する過程を分析することを目指した。この方向性は、やはりドイツ語圏出身のアメリカの社会学者で、シュッツの弟子であるピーター・バーガー（一九二九―　）とトーマス・ルックマン（一九二七―　）によって継承された。両者は、社会的現実がいかに構成されるかを研究テーマとして掲げた。ルックマンは、世俗化された社会においてなお、人々の日常的行為を規定している「見えない宗教 invisible religion」の研究で知られている。また、当事者自身による自らの行為の意味の理解を――できるだけ科学者による加工を施すことなく――そのまま記述することを目指す「エスノメソドロジー ethnomethodology」の創始者であるハロルド・ガーフィンケル（一九一七―二〇一一）も、その出発点においてウェーバーの「理解社会学」の構想に刺激を受けたことが知られている。

群衆心理と社会的行為の間

「社会的行為」の範囲の絞り込み

「社会学」において「理解」の対象となるのは、「社会的行為」であるが、全ての人間の行為が「社会的行為」であるわけではない。他の人々の過去や現在の振る舞い、あるいは、未来の振る舞いに向けられた行為が、「社会的行為」である。つまり、他の人と関係しない自分だけの振る舞い、黙想や孤独の中での祈りは、社会的行為ではない。また、ある財を生産したり消費したりする場合、自分の行為の他者への影響を念頭に置いているか否かで、社会的行為であるか否かが決まってくる。他人との関わりと言っても、自転車に乗った人同士が衝突するような場合は、物理的現象と同じであるから、社会的行為とは言えない。ただし、相手が人間であることを認めて避けようとしたり、衝突の後に喧嘩したり、円満な話し合いですませようとすれば、社会的行為になる。

これだけなら、ごく常識的なことを言っているだけのように見えるが、ウェーバーは、

「社会的行為」の範囲を更に絞り込む。以下の場合は、それだけでは、「社会的行為」とは言えないと主張する。

「社会的行為」とは言えないと主張する。（a）複数の人が同様の行為をすること、（b）他人の行為に影響されて行為すること。（a）で問題になるのは、雨が降ってきたので、大勢が同時に傘を開くような行為のことである。これが、「社会的行為」でないことは比較的納得しやすいが、問題になるのは（b）である。

（b）でウェーバーが具体的に念頭に置いているのは、多くの人が密集している場所での、群衆的に条件付けられた行為（massenbedingtes Handeln）である。フランスの心理学者で社会学者とも見なされるギュスターヴ・ル・ボン（一八四一―一九三一）は、『群衆心理』（一八九五）を著し、この分野の研究の先鞭を付けている。空間的に分散している人々の間でも、新聞報道等の共通の情報に起因する個人の振る舞いが、結果的に同一の方向を示していて、群衆的な振る舞いになることもある。ウェーバーは、これは基本的に「社会的行為」ではないという立場を取る。

個人が自分を群衆の一部と感じるだけで、或る反応が起り易くなったり、他の反応が起り難くなったりするものである。それで、或る出来事や或る人間的な振る舞いが、一人でいる時には起らないような、或いは、起り難いような各種各様の気分——快活、激怒、感激、絶望、あらゆる種類の熱情——を惹き起すものであるが、しかし、例外は別として、個人の振る舞いと群衆の中にあるという事実との間に意味のある関係が存在するわけではない。このように、全体的にせよ、部分的にせよ、ただ群衆という事実そのものの作用で反射的過程を辿るようになっただけで、群衆という事実との意味的関係を欠いた行為は、概念的には、ここでいう社会的行為ではない。(前掲書、三七頁：一部改訳)

このように、ウェーバーは、他人が多数いる物理的環境の中で生じる心理学的な作用に起因する行為は、「社会的行為」とは認めない。それは物理的な作用と本質的に変わるところがない。各人にとって、対人関係における「意味的 sinnhaft」な行為だけが、社会学的な対象となるのである。この点で、各人の内に生じてくる各種各様の気分の作用の仕方を研究する心理学とは焦点を当てるところが異なるわけである。

ただし、群衆的な環境にある人々の間で、お互いにとって社会的に「意味」のある「行為」がなされる可能性がないわけではない。先の箇所に続けてウェーバーは、以下のように述べている。

しかし、言うまでもなく、その間の相違は非常に曖昧である。なぜなら、例えば、煽動者の側だけでなく、群衆自身の側においても、群衆という事実との意味関係の程度は、大きさはさまざまであり、また、さまざまに解釈されるからである。——なお、G・タルドがその意義を正しく認めている他人の行為の単純な模倣も、自分の行為が他人の行為に意味的に向けられるのではなく、模倣がただ反射的に起る限り、概念的には特に社会的行為というものではない。この境界は曖昧なので、区別の難しいことが多いように思う。しかし、或る人が便利な方法を他人から学び、それを自分も試みるというような事実だけでは、私のいう社会的行為にはならない。この行為は、他人の振る舞いに向けられているのではなく、行為者が他人の行為の観察によって或る客観的な利益を知り、この利益を目標にしているのである。彼の行為は、他人の行為によって因果的に規定されてはいるが、意味的に規定されていない。これに反して、他人の行為を模倣するにしても、例えば、流行だから、伝統だから、模範だから、上品だからなどという理由があれば、模倣される人たちの振る舞い、第三者の振る舞い、

あるいは、その両方に対する意味関係が生ずる。（前掲書、三七―三八頁：一部改訳）

「模倣」へのスタンス

ガブリエル・タルド（一八四三―一九〇四）は、フランスの社会学者、社会心理学者で、『模倣の法則』（一八九〇）によって、社会学を一般的に普及させることに大きく貢献した。一九九〇年代の後半以降、フランス・イタリア系の現代思想で再評価されている。『模倣の法則』というタイトルが示しているように、タルドは、社会は人々の間の「模倣imitation＝Nachahmung」によって構成される、という立場を打ち出した。「社会的事実le fait social」を、あたかも自然科学における「物chose」のように客観的実在として扱うべきことを提唱し、単なる個人の意識の総計ではない「集団的意識conscience collective」を社会学的な分析の対象にしようとしたデュルケームは、個人の心理に焦点を当てるタルドのアプローチを退けた。

引用から分かるように、ウェーバーはタルドの「模倣」の理論に対して微妙なスタンスを示している。「模倣」の動機によって区分しているわけである。ある人と同じ行動を取ることで利益が得られることを知って模倣するのであれば、物質の運動や動物の動作を真似しているのと同じなので「社会的行為」とは言えないが、その人の行為に伝統とか模範、上品さ等の「意味」を見出したうえで模倣するのであれば、「社会的行為」になるわけである。つまり、単なる物理的利便性に還元することができない、社会の中で人々に共有されている——現象学用語で、間主観的に構成されている——「意味」があることを前提として、他者の行為の内にそれを読み取ったうえで「模倣」するのであれば、そこに「意味関係 Sinnbezogenheit」が生じる、ということである。

無論、そうした「意味関係」というのは、行為者自らが明確に自覚せずに行っていることが多い。特に、伝統的行為の場合、無自覚的に模倣していることが多いので、「意味関係」があると言えるかどうか曖昧なことが多い。ウェーバー自身もそのことを認めている。ただ、両者を先に述べたような観点から概念的に区別することは可能だとしている。

「社会学の基礎概念」自体ではこの点についてあまり掘り下げて論じられていないが、これに先立って書かれた論文「理解社会学のカテゴリー」(一九一三)でもう少し立ち入って論じている。これは、元々『経済と社会』(第Ⅱ部)の方法論的基礎として書いていた文章を、独立の論文として刊行したもので、「社会学の基礎概念」の初期ヴァージョンと見ることもできる。この中でウェーバーは、「模倣」を、「群衆的に条件付けられた行為」

が、社会学的分析の対象となる「共同体的行為Gemeinschaftshandeln」へと移行する中間段階に位置付けたうえで、後者の特徴は、「了解関係Einverständnis」にあるとしている。

「了解関係」というのは、たとえ協定がなくても、自分のした行為が、ある社会的な「意味」を持った行為として他者から扱われるであろうという期待に、経験的実効性があるということである。例えば、どう振る舞えば礼儀に適っているとか、誠意を示しているとか、知的信頼性が高いとか、と見なしてもらえるかについて、基本的な相互理解が成立しているような関係を考えればいいだろう。ウェーバーはこうした関係を、「言語共同体」とのアナロジーで説明している。言語を使用するに際して、私たちは自分の「表現Äußerung」が、自分が属している人間のサークルの中で「理解」される可能性が、平均的にどの程度あるか予想しながら振る舞う。それと同じような関係が成立していることが、「共同体的行為」が成される条件になるわけである。このアナロジーで考えれば、子供が単純な模倣によって取得した言語を、次第に自己表現の手段としていくのと同じように、「模倣」によって身に付けた振る舞いのパターンが、相互了解に基づく、意味のある「社会的行為」へと移行していく過程をイメージしやすくなる。

「了解関係」が協定として明文化される時、「共同体的行為」は、「利益社会的行為 Gesellschaftshandeln」へと移行する。同時代のドイツの社会学者で、共にドイツ社会学会を創設したテンニース(一八五五―一九三六)の言う「ゲマインシャフト」から「ゲゼルシャフト」への移行を、ウェーバーは、社会的行為の担っている「意味」の「了解」の様式という視点から捉えていたわけである――少し後で見るように、「社会学の基礎概念」では、これとはやや異なった視点から両者を区別している。

行為と秩序

「社会的行為」の四つの分類

「社会学の基礎概念」で、ウェーバーは「社会的行為」を、①目的合理的(zweckrational)②価値合理的(wertrational)③情動的(affektuell)④伝統的(traditionell)――の四つに分類している。このうち、一番分かりやすいのは、身に付いた慣習に基づいている④であろう。④の場合、反射的模倣の場合と同様に、無意識の反応として行われていることもあり、意味的な「社会的行為」かどうか境界線上にあることが多い。③の場合も、異常な刺激に対する無意識的な反応であることもあるので、境界線上にあることが少なくない。③が意識的に行われるようになると、②に近くなっていく。③も②も、何かを実現する手段としてその行為をするわけではなく、一定の種類の行為それ自体へと方向付けられているところが共通している。

情動的に行為する人間とは、直接（aktuell）の復讐、直接の享受、直接の献身、黙想による直接の至福、（粗雑な仕方であれ繊細な仕方であれ）直接的な情動の発散等の欲求を満たす人間である。これらの行為に際して行為者は、その行為の実行に伴って、その場で自らの内に生じるであろう情動に、社会的な「意味」を見出すわけである。純粋に「価値合理的人間」とは、予想される結果を度外視して、義務、尊厳、美、宗教的要請、敬虔、あるいは何であれ自分に命じられていると思える「事柄」の重要性に対する確信に従って行為する人間である。そうした宗教的、倫理的、美的に価値あると見なされている「事柄」を行うことに、社会的「意味」を見出したうえで、自発的に行為するわけである。

それに対して「目的合理的人間」は、目的、手段、付随的結果に従って自分の行為を方向付け、目的と手段、付随的帰結と目的、更に様々な可能なる目的を合理的に比較考量し、いかなる場合にも、感情的あるいは伝統的に行為することのない人間である。ただし、競合し衝突する目的や結果の間でどれを選択するか決定するに際しては、価値合理的な方向を取ることもある。その場合、その行為は手段だけが目的合理的ということになる。あるいは、そうした価値合理的な方向付けなしに、競合する諸目的を主観的な欲求と見なし、自分の意識の中での欲求の切迫度によってランク付けしたうえで、その順位に従って最大限の満足を得ようとすることもある。

人々の具体的行為を分類に仕分け・理解

この分類によってウェーバーは、〝非合理的な行為〟として一括されがちな②③④を、区分けしたうえで、②を、①とは違った意味での「合理性」を担う行為として位置付け直したわけである。価値合理性は、素朴に感情や伝統に従うのとは異なって、ある「事柄」に価値を見出し、それに従って自らの行為を律しようとする点で合理＝理性的である。世俗内禁欲を命じるプロテスタントの倫理や、普遍的な道徳法則に適った行為をするよう命じるカント（一七二四—一八〇四）の定言命法は、この意味で合理的である。当然のことながら、現実の社会的行為において、四つのタイプが判然と区別されているわけではなく、様々に混ざり合っている。理解社会学は、人々の一連の具体的行為をこれら四つのタイプに仕分けして、それぞれに適した理解を試みることになるわけである。

これらの社会的行為が、複数の人の間で相互に相手を目指して行われれば、そこに「社会的関係 die soziale Beziehung」が生じる。「社会的関係」には、闘争、敵対、恋愛、友情、尊敬、市場での交換、協定の成立・回避・廃棄、経済あるいは恋愛等の競争、同じ身分、国民、階級への所属等、様々の種類がある。メンバーの（情動的あるいは伝統的な）主観的な一体感（Zusammengehörigkeit）に基づく社会的行為は、純粋類型として、「共同社会（ゲマインシャフト）的関係 Vergemeinschaftung」と呼ばれる。（目的合理的あるいは価値合理的な）合理的動機による利害の均衡や利害の一致に基づく社会的関係は、「利益社会（ゲゼルシャフト）的関係 Vergesellschaftung」と呼ばれる。

これらの社会的関係には、一時的なものも永続的なものもあるが、その関係を永続的なものにする「意味内容 Sinngehalt」が「格率 Maxime」という形でメンバーに共有されていることがある。この場合、各メンバーは、他のメンバーの行為が平均的に、あるいは近似的に、その「格率」に従うであろう、という予想の下に、自らの行為もそれによって方向付ける。目的合理的あるいは価値合理的な行為は、利益あるいは価値という一般的な性質を持ったものに照準を合わせているがゆえに、そうした「格率」を形成しやすい。

また、各人の行為が、事実上の「規則性 Regelmäßigkeit」を示すことがある。あるサークルに属するメンバーの行為が事実上の規則性を示しているとすれば、それは「慣習 Brauch」と呼ばれる。それが長年の実践によって身に付いたものになると、「習俗 Sitte」と呼ばれる。「習俗」に由来する規則性は、伝統的行為に分類することができる。それに対して、市場での価格形成に見られるように、各人が同じ結果（＝最大の利益）を期待して同じように行動するようになることで、規則性が生まれることもある。そうした、純粋な目的合理性から生まれてくる「規則性」は、「利害関係によって条件付けられているもの bedingt durch Interessenlage」と性格付けることができる。

そのメンバーの社会的行為が、単なる「規則性」を超えて、「格率」に従っている場合、その社会的関係の意味内容を「秩序 Ordnung」と呼ぶ。そして、義務感のような形で各人を内的に拘束する「効力＝妥当性 Geltung」を有する秩序を、「正当な秩序 legitime Ordnung」と呼ぶ。目的合理的な動機のみによって形成される「秩序」もあるが、それは、利益によって左右されるので、身に付いた「習俗」に基づく伝統的な動機のみによって形成される「秩序」ほど安定しないし、後者も、各メンバーに対する「拘束性と模範性 Verbindlichkeit und Vorbildlichkeit」を有する「正当な秩序」に比べると、不安定である。言い換えれば、秩序の命令に背いた際に、単に損をするだけでなく、自らの義務感情が傷付けられることになるのでそれを避けたいとする価値合理的な動機が働いている方が、「秩序」は安定するのである。

秩序に「効力」を認める四つの理由

「秩序」には、「慣例 Konvention」と「法 Recht」の二種類がある。「慣例」の効力は、それに対する違反が実際にそれと感じられるような非難に出くわす可能性によって外的に保証される。「法」の効力は、遵守の強制や違反の処罰を専門とするスタッフの行為による肉体的あるいは精神的強制によって外的に保証される。これらの外的保証は、同時に、倫理的規範によって内的保証されていることがある。社会学的に意味のある、「効力のある倫理 geltende Ethik」は、「慣例」による非難の可能性に保証されているのが通例である。ただし、「慣例」や「法」によって保証された秩序が、倫理的規範としての性格を持つとは限らない。特に、純粋目的合理的に、つまりある現実的な目的を達成するための手段として措定されることが多い法的秩序は、慣例的秩序に比べて倫理的規範としての性格を持っている度合いは低い。ただし、純粋に目的合理的に措定された法的秩序であっても、いったん成立すると、その事実自体が人々に対して「効力」を及ぼすようになることもある。つまり、元々倫理的規範としての意味を持たなくても、事後的にそれと類似の規範的な「効力」を発揮することはあり得るわけである。

ウェーバーは、行為者が秩序に「効力」を認める理由を四つに分けている：（a）伝統（b）新しく啓示されたものや模範的なものに対する情動的な信仰（c）絶対的な効力を有するものに対する価値合理的な信仰（d）実定法の合法性への信仰。（d）の合法性がメンバーにとって「正当な」ものとして効力を有するのは、（1）関係者の間での協定（2）（正当と認められている支配に基づく）強制と服従——のいずれかが存在する場合である。この場合の「強制と服従」というのは、その秩序に関して明示的な合意がなくても、それをメンバーが事実上受け入れている＝服従している、ということである。協定による秩序と、強制による秩序の違いは相対的である。何故なら、投票によって法を制定する場合でも、完全な満場一致の場合を除いて、少数派が多数派の強制に服従することになるからである。現代においては、合法性への信仰が、「正当性」の最も一般的な形式になっている。

ウェーバーは、このように基礎概念を相互に関連付けながら、「支配」「権力」「法」「団体」「経営」など、社会学の主要な分析対象を定義したうえで、『経済と社会』の各論を展開することを試みた。これらの「基礎概念」をベースにして、社会学を論理的に首尾一貫性のある体系として構成しようとしたわけである。基礎概念の定義を重視するやり方は、社会的行為をシステム的に分析する手法を開拓した、アメリカの社会学者タルコット・パーソンズ（一九〇二―七九）や第二次世界大戦後の西ドイツで経験的社会研究を発展させることに貢献したルネ・ケーニヒ（一九〇六―九二）らに継承されることになる。

因みにウェーバーの定義では、「権力」とは、「ある社会的関係の内部で抵抗を排しても自らの意志を貫徹する可能性」である。「支配」は、「一定の内容の命令に対して、特定の人々の服従を得られる可能性」である。

第四章　ウェーバーの学問観

——『職業としての学問』をめぐって

〈Beruf〉としての「学問」

ドイツとアメリカのシステム比較

ウェーバーの学問観、正確に言えば、学問に携わる者が常に心得ておくべきことについての彼の考え方が集約的に表明されているのが、『職業としての学問』（一九一九）である。この著作も、『職業としての政治』と同様に、学生団体に招かれて行った講演の原稿を基にしている。これから、学者になる可能性がある人たちを前にして、学者という職業とはどういうものかを語っているわけである。

既に見たように、「職業」を意味するドイツ語の〈Beruf〉には、「召命」「使命」という意味もある。社会科学の方法論や、宗教と経済の倫理的な繋がりを探究し続けたウェーバーが、〈Beruf〉としての「学問」について語るのだから、物質的な利害や名誉欲を超えて、崇高な使命に献身すべきことを説いているのではないか、と想像しがちだが、冒頭からその期待は裏切られる。ウェーバーは、経済学者である自分としては物事の外面的事情から話を始めたいと断ったうえで、ドイツとアメリカの学者のキャリア形成や給与体系を比較する。

(当時の)ドイツの場合、職業として学問に専心する人のキャリアは、「私講師 Privatdozent」から始まる。「私講師」というのは、著作等の業績と形式的な試験に基づいて、当該の専門分野の教授団の選考と承認を経たうえで、その大学での教授資格を与えられた人である。博士号を取得していることが前提である。「私講師」は大学から固定給を支給されず、出席した学生から聴講料を受け取る。当然収入は不安定だが、教授として正規に雇用されるまで、それに耐えねばならない。

因みに、『意志と表象としての世界』(一八一九)で、世界の本質は「生きんとする盲目的意志」だと主張したことで知られる哲学者のショーペンハウアー(一七八八―一八六〇)は、一八二〇年にベルリン大学の私講師に就任した際、正教授のヘーゲル(一七七〇―一八三一)への対抗意識から同じ時間帯に開講したが、受講者数で完敗している。そのためすぐに退職し、アカデミズムでのキャリアから遠ざかっている。ウェーバー自身は、一八九二年にベルリン大学で商法とローマ法の教授資格を取得して、私講師に就任し、翌九三年に同大学の員外教授、九四年にフライブルク大学の経済学の正教授に就任している――

期間は短かったものの、一応、私講師の経験はあるわけである。
それに対してアメリカでは、学者のキャリアは「助手 assistant」に任命されるところから始まる。教授の仕事を助ける立場で、固定給を受けとるわけである。私講師に当たる立場で講義を受け持つのは、そのうちのごく一部であり、しかもずっと後になってからのことである。ドイツでも自然科学や医学系の研究所では、同じようなシステムが採用されている。二つのシステムの背景についてウェーバーは以下のように述べている。

ドイツでは、学問にたずさわる人の経路は一般に金権主義的前提のうえに立っている。というのは、財力のない若い学徒にとって大学で教職に就くことは非常な冒険となるからである。かれはすくなくも数年のあいだはこれにともなうさまざまの制限に堪《た》えなければならない。しかも、その間というもの、かれには後になって生計を立てるにたりるべき地位に就く機会があるかどうかわからないのである。合衆国では、これに反して、官僚主義的組織になっている。すなわち、ここでは最初から有給である。もちろん、それは大した額ではない。かろうじて半熟練工がもらう額に達する程度のものである。しかし、ここではちゃんと給料を受けとるのであるから、外見上はともかくも安定した地位からスタートすることになる。そのかわり、ここにはドイツの研究所助手におけると同様、あるばあいには解雇しうるという規則がある。しかも、この規則は、雇い主の側の期待に添わぬとなれば、しばしば容赦なく適用されるのである。この期待とは、すなわちその教室がいつも「大入り」であるということである。しかるに、ドイツの私講師のばあいには、このようなことはおこりえない。その地位は、一度得られた以上もはや失うことはないのである。（尾高邦雄訳『職業としての学問』岩波文庫、一九三六年、一〇―一一頁）

［官僚主義化＋資本主義化］の進行

二つのキャリア・システムの比較という形でウェーバーが示唆しているのは、近代の大学制度の下での「学者」という職業に不可避的に付随する、身も蓋《ふた》もない現実である。大学において身分を保障されたうえで研究・教育に専念できるのは、「教授」と呼ばれる地位にある人たちであるが、教授ポストは、大学ごと、専門分野ごとに数が限られているので、能力さえあれば誰でも研究者になれるわけではない。どれだけ能力があっても、ポストが空かなければ、就職できない。自分に適したポストが空いて、チャンスができるまで待たねばならないし、その時に備えて研究業績を着実に作っておかないといけない。そういう待機状態の〝若手研究者〟——若手とはいいがたい年齢まで待ち続けねばならないこともしばしばある——をどう遇するか、という問題である。

ドイツ（文系）式は、教授資格だけ与えて、後は自分でどうにかしなさい、という発想によっている。不安定であるが、どのように自分の研究生活を送るかについての〝自由〟はある。元々相当の資産を持っている者であれば何とかなるが、そうでない者にはかなり厳しく、挫折する者が多くなると考えられる。金がなければ、学者になれないということになる。その意味で「金権主義的」である。それに対してアメリカ（理系）式は、助手に選ばれた人に最低限の収入を保障するので、助手の地位にある間の生活は安定する。その代わり、上司である教授に仕え、その講座全体の組織としての規律に従わねばならない。教授の研究を手伝わされたり、研究とは直接関係ない補助的な仕事をしなければならないこともある。自由が少なく、組織に組み込まれるという意味で「官僚主義的」である。

ドイツも、次第にアメリカ型に近付きつつあり、理系以外の学科も今後そうなっていくだろう、という——実際、ウェーバーの予想通りになっていった。彼は、こうした官僚主義的傾向が、他面で「資本主義的」な性格を持っていることを指摘する。

こんにち、ドイツの医学や自然科学系統の研究所の大きなものは、すべて「国家資本主義的」事業である。これらの事業は、もとよりぼう大な経営手段がなくては営まれえない。そこで、一般に資本主義的経営にはつきものの例の事情がここにも生じる。「労働者の生産手段からの分離」というのが、それである。労働者——つまり、ここでいえば研究所助手——は、国家から貸し与えられた労働手段にまったく依存しなければならない。そしてまた、ちょうど工場主にたいする工場労働者のように、研究所長にも依存していることになる。なぜなら、研究所長は、当然のこととして、研究所は「自分の」研究所であると考え、したがってかれはそこの支配者だからである。かくて、研究所助手はしばしば「プロレタリア」のように、そしてまたアメリカの大学助手のように、不安定な立場におかれるのである。（前掲書、一三—一四頁：一部改訳）

ここでのウェーバーのコメントは、助手の立場を「プロレタリア」のそれと比較している点で、マルクス主義的な見方への部分的な共感を示しているように見えるが、それよりも重要なのは、「学問」の国家資本主義（＝官僚主義＋資本主義）化に伴う、研究者たちの「生産手段（経営手段）からの分離」という問題の指摘である。第二章で、「官僚制」に即して見たように、ウェーバーは、近代の官僚制と資本主義の類似性及び相互依存関係に注目しているが、そこでカギになるのが「物的経営手段」の集中を通しての合理化だ。国家も企業も、自らの支配下に収めた「物的経営手段」を、自らの計画に合わせて各部門に効率的に配分し、部門ごとの業務に適したスタッフを雇用し、訓練する。ウェーバーはそれと類似、もしくは、同根の現象が、「学問」においても生じていることを示唆しているわけである。

国家が支配のための物的経営手段を独占していなかった前近代においては、物的経営手段を保有し、そのおかげで経済的に自立していた有力者が政治の主たる担い手であり、その意味で金権主義的であったが、官僚制の下では、（少なくとも形式の上では）全ての人が能力さえあれば官僚になれる可能性がある。しかし、官僚制がいったん成立すると、政治は一元的に管理されるようになり、統治される人々だけでなく、官僚自身の行動も組織全体の方針に規定されることになる。

大学が（国家）資本主義化され、組織全体として官僚主義的な手法による合理的経営が志向されるようになると、研究者（候補）たちも同じような状況に置かれることになる

――ドイツの大学は基本的に公立であるが、アメリカの主要な大学は、私立である。研究者・教育者は、国家等の予算によって研究環境を提供してもらえる反面、組織の論理に従わねばならない。ドイツの大学の研究機関の場合、大学の上位に位置する国家の意向を受けた運営がなされる。それに加えて、講座の長である教授あるいは研究所長に権限が集中するので、彼らに〝仕える〟助手たちは、身分を保障された官僚というよりは、「プロレタリアート」のように不安定な立場に置かれるという問題がある。

医学や自然科学は実験や観察などのために巨大な設備と人材が必要なので、学問の進歩に伴って、［官僚主義＋資本主義］化が進んで行くのは不可避的なことである。哲学、文学、歴史学、法学など文系の場合、テクストを読むことがメインなので、それほど大きな予算や設備はいらない。本さえあればどうにかなるというところがある。実際、私講師の多くは従来自分で研究に必要な蔵書を自分で持っていたので、研究自体は続けることができた。ウェーバーに言わせれば、それは手工業者が自分の「労働手段 Arbeitsmittel」を所有しているのと同じことである。しかし、そうした状況は急速に変化しつつある、という。それほど資産のない家庭の若者たちも学者を志すようになり、読むべき文献も各分野の発展と共に次第に増えてくるので、蔵書を全て所有しきれなくなるのは、不可避的な傾向である。社会科学では、統計や聞き取り調査などの経験的研究の重要性が増してくれば、一人で研究することが難しくなる。

ウェーバーとSTAP細胞問題

経営の合理化と結果へのプレッシャー

ここで少し寄り道して、ウェーバーの指摘する学問の「国家資本主義化」の今日的意味を考えてみよう。言うまでもなく、現代日本における学者（大学教授）への道は、ウェーバー当時のドイツよりはるかに厳しくなっている。

研究者になるには先ず、大学院生にならなければならないが、修士を経て博士になるまで五年かかる設定になっているので、その間の生活費＋研究費をどうにかしないといけない。かつては、日本育英会から、大学教員に就職できれば返還免除になる奨学金が提供されていたが、日本育英会の後継組織である日本学生支援機構は、ごく一部の例外を除いて、返還免除になる奨学金は出していない。返還義務のある奨学金を受けとれば、就職できなかった場合、返せるめどのない借金を抱え込むことになるので、それなりの勇気がいる。優秀な学生のための奨学金を用意している大学も徐々に増えているが、国の文教政策や各大学の事情——簡単に言うと、少子高齢化で学生の数が減っていることへの対応——によって院生の定員が増えているので、全体のニーズは到底カバーしきれない。

博士号を取得できたとしても、すぐに就職できる者はごく少数である。院生の数が増えているのに、教員ポストはむしろ減っているので当然である。文系の場合、予算削減のために、助教のポストを廃止しているところもあるので、かなり厳しくなっている。助教や日本学術振興会（学振）から研究奨励金を支給される特別研究員になれないため、非常勤講師で食いつなぐ人たちが少なくない——指導教員などの人脈がなければ、非常勤講師にも採用されない。

近年は、任期付きの教授、准教授、講師、助教、研究員を採用して雇用を弾力化している大学が増えている——助教（助手）については、元々、実質的に任期付きの場合が多かった。当然、それらのポストに就いても、安心できない。すぐに次の就職先を見つける活動を始めねばならない。しかも、それらのポストの教員は、研究以外の業務を負担することが雇用の条件になっていることもあるので、なかなか研究自体に専念できない。再任のチャンスがあっても、実際に再任されようとすれば、大学の上層部やその部門の有力者から嫌われないよう気を遣う必要がある。終身雇用ではない教員の「プロレタリアート」化が進行しているわけである。

大学の重点主義化を掲げる文部科学省の指導の下で、各大学が〝経営合理化〟を推進した帰結として、研究者予備軍はより長い時間不安定な状態に置かれ、金に余裕がないと院生になるのもためらわれるという状況になっている。ウェーバーの指摘する二つのタイプの悪い面が合わさったような現象が起こっているわけである。

研究機関が経営の〝合理化〟を進める中で、個々の研究者たち、特に、研究に多額の予算が必要な理系の研究者たちは早急に〝結果〟を出すようプレッシャーを受けている。多額の予算を投入しても、目立った〝成果〟がなかなか出なければ、非効率と見なされ、予算や人員を削減されることになる。研究部門の長である教授たちも、そうしたプレッシャーを受ける。それを何とか避けようとして、無理をしがちになる。二〇一〇年前後から、主要な大学や研究機関で、研究成果の捏造《ねつぞう》や他人の論文の盗用、二重投稿など、研究不正が相次いで発覚している背景には、研究の資本主義化をめぐる問題があると考えられる。

そうした構造的問題を象徴するのが、二〇一四年のＳＴＡＰ細胞騒動だろう。同年の一月末に理化学研究所に所属する若い女性研究者を中心とした研究チームが、新しいタイプの万能細胞であるSTAP細胞を作り出すことに成功し、論文が国際的に権威のある科学雑誌『ネイチャー』に掲載されたことが、マスコミで大きく報じられた。この女性のいでたちやキャラクターが、世間でのリケジョ（理系女子）・ブームと相まって、女性の理工系研究者を養成することの重要性が強調された。

しかし、二月の半ば以降、論文に掲載されている写真の他の論文からの流用や剽窃《ひょうせつ》の疑惑が浮上し、共同研究者からも論文の取り下げを求める声が出て、形勢が大きく変化した。理研が態度を豹変させて不正調査に乗り出したこと、本人が論文の書き方の基本的ルールについて学んでいなかったと記者会見で告白したこと、弁護士が関与したことなどが相まって、研究倫理をめぐる〝論議〟が、科学の素人たちも参戦する形で数ヵ月にわたって続いた。TVコメンテーターの中には、「STAP細胞さえあれば、論文の書き方なんてどうでもいい」、といった科学のルールを無視する発言や、「不正と認定すれば、外国に発明の成果を持っていかれるので、国益を損なう」、といった〝政治的発言〟をする人もいた。

研究倫理の明確化とエートスの育成を無視

面白いネタなのでマスコミやネットで盛り上がったという側面が強いが、研究の「国家資本主義化」の問題が根底にあるのは確かだろう。どういう問題か、再確認しておこう。

日本の先端的な科学技術研究を主として担っているのは、国立大学の理系学部や、理研のような独立行政法人として運営される研究機関である。それらの運営資金の大半は、国の予算から出ている──「物的経営手段」が国家によってほぼ全面的に管理されているわけである。行財政改革の一環として各研究機関に対して経費削減圧力がかかっている一方で、〝実績〟を挙げた機関には、予算と人事での優遇措置を取るという政策が進められている。文科省は、国家戦略的な研究を進めるため、優秀な研究者を高給で招聘できる「特定国立研究開発法人」制度の導入を検討しており、理研と産業技術総合研究所を、それに指定する方針を同年の三月初旬に明らかにしている──ＳＴＡＰ騒動のために指定は延期になった。

理研では多くの若手研究者を、任期付きの研究員、あるいは一年契約の特別研究員として雇用している。これらの人たち自身に早く業績を作らねばならないというプレッシャーがかかってくるのは当然のことだし、彼らを自らの研究室に受け入れている責任者にもプレッシャーがかかる。先に述べたように、大学でも任期付きポストによって雇用の弾力化を図るところが増えている。不安定な立場で競争を強いられている人がいる一方で、内外の優秀な研究者を、授業負担を免除したうえで、通常の教授より高給で雇用し、年俸制によって給与をあげていくリサーチプロフェッサー制度を導入しようとしている大学もある。

国から支給される限られた予算の枠内で、特定の分野やグループに対して優遇措置を取れば、どこかにしわ寄せがいく。何十億円単位で予算が、ある分野から別の分野に振り替えられれば、職を失う人、将来の可能性を断たれる人が、何人も出てくる。STAP細胞問題に関して、当該分野専門家たちから批判の声が上がっていることについて、〝ケチをつけることによって得をする勢力〟の暗躍を示唆する雑誌もあったが、国や研究機関内の予算の配分に多くの研究者の命運がかかっている以上、真面目な研究者であっても、〝世紀の大発見〟に疑いの眼を向けたくなるのは致し方のないことだろう。

こうした傾向を、経済的効率性を特徴とする新自由主義イデオロギーの産物だと非難する左派的な論客もいるが、そういう批判は見当外れである。何故かと言えば、実際に実用化されて大きな経済的利益をもたらしている研究に予算が割り当てられているわけではないからである。そういう見込みがあるかどうかを決めているのは、文科省の役人や、独立行政法人である学振から提供される研究補助金の審査に当たる有力大学教授たちだからである。何が金になるのか確実に予測する能力を、彼らが持っているわけではない。

何をもって優れた研究と評価し、国家的にサポートすべきなのかの明確な判断基準なしに、表面的な〝合理化〟を進めようとすれば、様々な利害関係者が文科省などに働きかけて、自分に都合のよい〝評価〟が行われるよう工作をしたくなるのは、当然だ。研究倫理の明確化やエートスの育成を無視して、お役所的な意味――つまり、政治家、役人、大学幹部の〝イニシアティヴ〟による組織改革で〝学者の根性〟を叩き直したかのように、実状を分かっていない素人には見えるという意味――での〝合理化〟を強引に推進すれば、研究の質を低下させ、対外的信用を失うことになる。そうした皮肉な事態が、現代日本で進行しつつある。合理化の帰結として生み出された巨大な「鉄の檻」（＝国家資本主義の下での研究体制）が、「合理性」の尺度を見失ったまま運動し続けているうちに、自らの足場を掘り崩しているわけである。

専門化

自制して自分の分野に集中する

『職業としての学問』そのものに戻ろう。ウェーバーは、学問をめぐる外的事情を説明し、学者になれるかどうかが本人の能力以外の偶然の要因――資産、教員選考に当たる人たちの判断基準、学生ウケ等――に大きく左右されることを強調した後で、〈Beruf〉として学者になろうとする人は、そうした偶然を受け入れる覚悟が必要であることを強調する。そうした覚悟が本当にできていなければ、自分よりも能力が劣っている（ように見える）者がチャンスを与えられ、自分を追い越して、どんどん先に行くことに耐えられなくなるからである――私（=仲正）自身の体験からしても、「そんなことは最初から分かっている」と思っていても、いざ自分がそうした立場に置かれると、なかなか冷静に割り切れないので、特に心しておくべきことである。

彼は更に、学問の「専門化 Spezialisierung」が進んでおり、そのことが学者のあり方に影響を及ぼしていることを指摘する。今日、学問的な仕事を完成したいと願う者は、自己の専門領域に閉じ籠もらざるを得なくなっている。学者、特に社会学者は、隣接分野の縄張りを侵して、面白そうなことを言いたがる傾向があるが、そういうことをしていると、きちんとした仕事をできなくなる恐れがあるので、自制して自分の分野に集中すべきである、という。自らが法学、経済学、歴史学、社会学、政治学にまたがる広範な仕事をしてきたウェーバーにしては意外な発言である。

> 学問に生きるものは、ひとり自己の専門に閉じこもることによってのみ、自分はここにのちのちまで残るような仕事を達成したという、おそらく生涯に二度とは味われぬであろうような深い喜びを感じることができる。実際に価値ありかつ完璧の域に達しているような業績は、こんにちではみな専門家的になしとげられたものばかりである。それゆえ、いわばみずから遮眼革《めかくし》を着けることのできない人や、また自己の全心を打ち込んで、たとえばある写本のある箇所の正しい解釈を得ることに夢中になるといったようなことのできない人は、まず学問には縁遠い人々である。（前掲書、二二頁）

「学問」を経済と同じように効率性を追求しながら拡大していくシステムと見るのであれば、「専門化」とは、「分業」を通しての効率化に他ならず、その傾向に従うことは、分業体制の歯車になることを受け入れることを意味する。しかしウェーバーは、このことが研究者にとってポジティヴな意味も持っていることを示唆しているわけである。専門に特化した方がその分野に固有の厳格な方法論を身に付けやすいし、一つの対象に集中的に取り組まざるを得ない状況が生まれてくる。自己限定を通して、いろんなところを脇見せず、テクストの中のたった一ヵ所の解釈に全力を投入し、分かった時に大きな喜びを感じるような、地道な研究姿勢が培われる。そうした、学者でない人間には分かりにくい姿勢、更に言えば、他分野の学者にとっても何でそれが面白いのか理解しにくいような対象に打ち込める姿勢が、重要だというのである。『プロテスタンティズムの倫理と資本主義の精神』の用語で言えば、「禁欲」である。

ウェーバーは、個別の対象に集中的に取り組む「情熱 Leidenschaft」が不可欠であり、そういう「情熱」からこそ、偉大な学問的成果に繋がる「インスピレーション Eingebung」が生まれてくることを強調する。専門家ではなく、ディレッタント（好事家）がそうしたインスピレーションを得ることもあるが、ディレッタントは決まった「作業様式Arbeitsmode」を欠いているので、多くの場合、それがどれほどの射程を持つのかきちんと位置付け、評価したうえで、現実化することはできない。「情熱」と着実な「作業＝労働Arbeit」が結合することによって、インスピレーションが引き出されてくる、と見るべきである。ただし、両者がそろったからといって、常にインスピレーションが生じてくるとは限らない。そこにも運命や、天賦の才など、個人の努力によってどうにもならないことがある。この点でも偶然に耐えねばならない。

このように具体的問題に取り組む「情熱」の重要さを説く一方で、彼は当時若者の間で流行していた、「体験Erlebnis」や「個性＝人格Persönlichkeit」を崇めるような傾向に対して極めて批判的なスタンスを示している。言葉の印象だけからすると、「情熱」は、「体験」や「個性」と相性がよさそうに聞こえるが、ウェーバーは、この二つを「偶像Götze」のように崇拝する態度は学問と相容れないと明言する。

このふたつのものはたがいに密接に結びつく。すなわち、個性は体験からなり体験は個性に属するとされるのである。この種の人たちは苦心して「体験」を得ようとつとめる。なぜなら、それが個性をもつ人にふさわしい行動だからである。そして、それが得られなかったばあいには、人はすくなくもこの個性という天の賜物《たまもの》をあたかももっているかのように振舞わなくてはならない。かつてはこの「体験」の意味で「センセーション」ということばがドイツ語的に使われたものであった。また、「個性」ということばも、以前にはもっと適切な表現があったように思う。(前掲書、二七頁)

偶像崇拝傾向への批判

抽象的な言い回しをしているので分かりにくいが、ここでウェーバーが具体的に念頭に置いているのは、一九世紀末以降、ドイツの若者たちの間で影響力を増していた、ロマン主義的な「青年運動 Jugendbewegung」に見られる偶像崇拝傾向である。「青年運動」というのは、近代化された都市の生活を嫌い、自然生活や、失われた過去の文化への回帰を試みる、若者を中心とした運動である。自然の中を歩き回ることを楽しむワンダーフォーゲル運動がその始まりで、最初は非政治的な性質のものだったが、新しい世界観によって人間を形成しようとするグスタフ・ヴィネケン(一八七五―一九六四)の改革教育運動と結び付くことで、次第にイデオロギー的な様相を呈し始めた。一九〇六年に設立した自由学校共同体ヴィッカースドルフで彼は、カリスマ的教師とそれに従う生徒の間の関係性「同志関係＋リーダーシップ」と、農業労働、体育、共同体生活等の「体験」学習に基礎を置く、自らの教育改革構想を実践した。

論理経験主義（ベルリン・サークル）の科学哲学者として知られるハンス・ライヘンバッハ（一八九一—一九五三）は、第一次大戦前後、自由学生運動にも強くコミットしていたが、ヴィネケンの共同体・リーダーシップ論の影響を受けて、大学における従来の教授と学生の関係を、指導者と若き同志の関係に置き換えねばならないと主張した。彼は更に、両者の共同作業を通しての「学問の体験 Erleben der Wissenschaft」の重要性を強調した。人間的な体験、直接的な感動からこそ、「精神的諸価値 geistige Werte」が生まれてくるからである。また、ヴィッカースドルフで教師を務めた後、革命的左派の活動家になったアレクサンダー・シュヴァープ（一八八七—一九四三）は論考「職業と若者」（一九一七）で、生計を立てるための手段としての職業に就けるべく若者を教育することに主眼を置く西欧・アメリカ的な教育制度をラディカルに批判した。彼は、職業をもっぱら「善き生」という目的のための手段としてのみ位置付け、人間の生の身体的極と精神的極の間に調和のとれたバランスを達成したギリシア文化を称揚する一方で、生業としての職業を自己目的化してしまった西欧・アメリカ的なブルジョワ世界は倒錯していると断じた——こうした「職業としての学問」をめぐる当時の状況については、佐野誠『近代啓蒙批判とナチズムの病理――カール・シュミットにおける法・国家・ユダヤ人』（創文社、二〇〇三年）の第二章等を参照。

固有の「物」に打ち込む重要性

このように学問や教育を神秘主義的に捉え、カリスマ的人格や体験を神聖視しようとする傾向に対して、ウェーバーは、「職業としての学問」に「センセーション」ぬきに取り組む必要があることを強調しているわけである。「情熱」を持って研究対象に取り組むことは、「体験」とか「個性」のようなものを特別視することとは対極にあるのである。彼に言わせれば、学問の領域で真に「個性」を発揮するのは、優れた「個性」の獲得に憧れる人ではなく、探究すべき「物＝客体 Sache」に仕える人である。自分ではなく、研究対象こそが重要だと考えられる人でなければ、本当の意味で、「学問」を「職業＝使命」とすることはできない。

とにかく、自己を滅して専心すべき物＝仕事（Sache）を、逆になにか自分の名を売るための手段のように考え、自分がどんな人間であるかを「体験」で示してやろうと思っているような人、つまり、どうだ俺はただの「専門家」じゃないだろうとか、どうだ俺のいったようなことは形式の面でも内容の面でもまだだれもいっていないだろうとか、そういうことばかり考えている人、こうした人々は、学問の世界では間違いなくなんら「個性」のある人ではない。こうした人々の出現はこんにち広くみられる現象であるが、しかしその結果は、かれらがいたずらに自己の名を落すのみであって、なんら大局には関係しないのである。むしろ反対に、自己を滅しておのれの課題に専心する人こそ、かえってその仕事の価値の増大とともにその名を高める結果となるであろう。（前掲書、二八―二九頁：一部改訳）

この箇所から、「学問」それ自体ではなく、「体験」や「個性」を持ち上げる傾向に対するウェーバーの批判が、今日の日本の状況にもよく当てはまることが見て取れるだろう。「体験」や「個性」を重視する人が自分の心の中、あるいはごく少数の友人との会話の中でだけそういう態度を取っているのであれば、取り立てて問題にするほどのことではない。しかし、そうした人は往々にして公の場でもそうした態度を取り、自分が〝達成〟したものを他人に披露しようとする。研究よりもそういうパフォーマンスに熱をあげれば、本人の研究の質が低下する。正教授がそういう生き方をするのは、彼を雇用している大学、延《ひ》いては国家にとっての損失になる。それだけでなく、これから「学問」を「職業」にしようとしている若者、「職業としての学問」の道を歩み出したばかりの人に悪影響を与える恐れがある。

現代日本だと、専門家としてではなく半タレント的な立場でメディアへの露出が多い学者、ネット論客化して、しょっちゅう〝センセーショナル〟なメッセージを発している学者に、この傾向が目立つ。その手の人は、「私は、象牙の塔にこもって机上の空論を重ねている普通の学者と違って、〇〇の実践をしている」とか、「芸術家の△△さんとコラボして、□□アートの創作に従事している」「◇◇の分野で、新しい形態の事業を立ち上げようとしている」、などと自慢したがる。また、自分は、型にはまった、重箱の隅をほじくるような思考しかできない凡庸な学者たちとは違って、本質を見抜くセンスを持っているとアピールすべく、わざと変わり者らしい振る舞いをする。他の学者たちの意見を、「こいつら何も分かっていない！」という調子で全否定して、無頼派の非常識な発言をしてみせたりする。学者として安定したポジションをなかなか得られないため、そういうタレント教授のような派手なことをして、マスコミや（あまり深く考えていない）学界関係者の注目を集めようとする〝若手〟も少なくない。学生時代から、タレント知識人候補としてネット・デビューする若者もいる。彼らはまさに自分の「体験」と「個性」を売りにしているわけである。

多分野にわたって大きな業績を残し、政治評論家、政治家としても活動していたウェーバーは、当時のドイツで最も偉大なカリスマ学者であった。彼のようになりたいと思う学者の卵は、少なくなかったはずである。そういう彼だからこそ、「個性」や「体験」を崇める傾向を厳に戒め、マルチタレント性を発揮するよりも、専門領域を見つけ、その領域に固有の「物」に打ち込むことの重要性を説く必要性があったのだろう。

進歩と脱呪術化

新しい「問題提出」

意義のある業績を挙げようとすれば、「個性」や「体験」に憧れるよりも、「対象」に専心すべきだというのは、他の専門的な職業についても言えることである。（「個性」や「体験」が神聖視されがちな）芸術に関してもそうである。ウェーバーはその意味で、学問と芸術が似ていることを指摘しているが、当然、両者の間には大きな違いがある。学問という仕事においては、「進歩 Fortschritt」が前提になっている。それは、どれほどすぐれた仕事であっても、何年か経てば時代遅れになるし、そうでなければならない、ということである。芸術の場合、新しい表現技法が発見されたからといって、それまで偉大とされていた作品の価値が下がるわけではない。

学問上の「達成」はつねに新しい「問題提出」を意味する。それは他の仕事によって「打ち破られ」、時代遅れとなることをみずから欲するのである。学問に生きるものはこのことに甘んじなければならない。（……）われわれ学問に生きるものは、後代の人々がわれわれよりも高い段階に到達することを期待しないでは仕事をすることができない。（前掲書、三〇頁）

学者は何らかの大きな業績を残すことができたとしても、それを土台にして誰かがより精密な業績を出すことを予期しなければならない。否、むしろ、それを乗り越えて更に先に進む者が全く出てこなかったとしたら、その業績は学問の進歩に貢献しなかったということになり、無意味になる。自然科学であれば、先行する学者が発見した自然法則を前提にすることで、それに続く学者が仮説や実験装置を組み立てて、より詳細で厳密な成果を出すようになることはイメージしやすいだろう。

文学、思想史、歴史学など、テクストの解釈をメインとする学問でも、ある学者が示した新しい解釈の方法を利用して、他の研究者がより精密な業績を出すことはある。場合によっては、後に続く研究者によって、先行者の理論が、全面的あるいは部分的に否定されることもある。分かりやすい例を挙げると、西欧の哲学の原点はプラトン（前四二七―前三四七）であるということをほとんどの哲学研究者は認めているが、アリストテレス（前三八四―前三二二）以降、彼の影響の下で「哲学」にコミットするようになった哲学者たちは、プラトンの思考の枠組みを継承することよりも、それを乗り越えて新しい枠組みを構築することを目指して、哲学を発展させてきた。

このように考えると、「学問」というのは、自分自身の卓越性を誇示すること以上に、「物＝対象」それ自体を大事にしようとする基本姿勢がないと、本当の意味で打ち込むことができない「職業＝使命」である――当然、単なる収入を得るための手段にすることはできない。偉大な業績のある大学者であればあるほど、自分を乗り越える「仕事」をする人が登場することを心底から喜ばねばならず、そうでないと失格である――そういうことは一応分かっているので、著名な学者には、若手の業績が自分のそれを乗り越えたことを大歓迎する姿勢を（一応）見せて、大物ぶる人が少なくない。

「主知主義的合理化」の意義

では、学者たちが献身すべき、「学問の進歩」は何を究極の目的としているのだろうか。ウェーバーは、「学問」を人類がこれまで何千年にもわたって歩んできた「知性化 Intellektualisierung」あるいは「合理化 Rationalisierung」のプロセスの主要な構成要素として位置付ける。これは、あまりにも当然のことではある。しかし、「個性」や「体験」を神聖視する若者たちの傾向に象徴されるように、世紀末以降のドイツでは、近代化の本質としての「合理化」を否定的に見る傾向が強まっていた。西欧的な理性的人間像を否定するニーチェ（一八四四―一九〇〇）の「超人―力への意志」の思想や、神話的・宇宙論的な独自の世界観を提示する詩人ゲオルゲ（一八六八―一九三三）を中心とするサークルの影響が強まっていた。講演『職業としての学問』が行われた翌年、一九一八年には、西欧文明の終焉を予告するシュペングラー（一八八〇―一九三六）の『西洋の没落』（一九一八―二二）の第一部が刊行され、ベストセラーになっている。ウェーバーはそうした傾向に抗して、「学問」による「主知主義的合理化 die intellektualistische Rationalisierung」の意義を改めて説く必要があったわけである。

ウェーバーは先ず、「主知主義的合理化」というのは、人々が自分たちの生活条件についての一般的知識を持っていることではないと指摘する。たとえば現代の西欧人は路面電車を利用しているが、それがどういう仕組みで動くのかその構造をきちんと把握している人はほとんどいない。しかし、それで不便に感じているわけではない。実際仕組みを知らなくても、どう動くか「予測」できれば、十分であるので、それで満足している。それに対して、西欧人が未開人と見なしているアフリカやアメリカの原住民は自分たちが使っている道具の動きを驚くほどよく知っている。西欧人は貨幣で様々な物を買っているが、貨幣による取引がどうして可能であるかを明確に知っている人はほとんどいない。未開人たちは、どのようにして日々の食糧を得て、それを保存したらいいかを知っている。では、「主知主義的合理化」とはどういうことだろうか？

それを欲しさえすれば、どんなことでも常に学び知ることができるということ、したがってそこにはなにか神秘的な、予測しえない力がはたらいている道理がないということ、むしろすべての事柄は原則上予測によって意のままになるということ、――このことを知っている、あるいは信じているというのが、主知化しまた合理化しているということの意味なのである。ところで、このことは世界の脱呪術化ということにほかならない。こんにち、われわれはもはやこうした神秘的な力を信じた未開人のように呪術に訴えて精霊を鎮《しず》めたり、祈ったりする必要はない。技術と予測がそのかわりをつとめるのである。そして、なによりもまずこのことが合理化の意味にほかならない。（前掲書、三三頁：一部改訳）

ここでまた、ウェーバーの近代化論のキーワードである「脱呪術化」が出てくる。しかもここではその意味するところが、かなりクリアに説明されている。「脱呪術化」の本質は、各人が呪術的なものを信じていないということでも、物理学や経済学の基本法則のようなものを具体的に知っているということでもない。人間には知ることができない未知の力がこの世界を支配していると想定し、それを擬人化して恐れ、その怒りに触れないようにただ受動的に振る舞うのではなく、世界を動かしている法則を知ることが可能である、という信念を人々が共有することこそが、「脱呪術化」の本質である。そうした信念が、個別の知識の伝達よりも重要なのである。そうした「脱呪術化としての進歩」を推進するうえで、「学問」は中心的な役割を果たすわけである。

プラトンの「洞窟の比喩」とソクラテスの「概念」

ウェーバーは、人々を脱呪術化へと導く「学問」の役割を、プラトンの『国家』の第七巻に出て来る「洞窟の比喩」によって説明している。洞窟の中に鎖で繋がれ、目の前の岩しか見ることのできない囚人たちがいる。彼らの背後、洞窟のかなり上の方で火が燃えて、その明かりが射し込んでいるが、この明かりを見ることができず、ただ目の前の壁に映る様々な物の影しか見ることができない。そのためその影を実在だと思っている。しかし、ある時、囚人たちの一人が鎖を断ち切ることに成功し、外の世界に出た。初めて見る太陽の光に目が眩《くら》んだが、やがてその光の下で諸事物を見ることができるようになった。彼は洞窟に帰って、仲間たちに外の世界のすばらしさを話し、洞窟の外に出るよう説得するが、彼らは彼の言うことを信じず、逆に彼がおかしくなって、幻影を真実と取り違えている、と思うだろう。無理に彼らの向きを変えようとすると、彼らは怒って、彼を殺してしまうかもしれない。そこで、彼らが自発的に向きを変えるように「教育」することが、解放された囚人の使命となる。

この囚人たちは、無知と偏見の中に生きている普通の人たちで、太陽の光が最高のイデアである「善のイデア」、火が様々なイデア、解放された囚人は「哲学者」と解される。ウェーバーは、太陽を「学問の真理」と読み替え、これを人々に示すことを学者の使命と見なす。「知を愛する者」を意味する、古代ギリシアの「哲学者 philosophos」は、学者の原型なので、この読み替えは不当ではないだろう。ウェーバーの理解では、プラトンが洞窟の比喩を物語っている背景には、全ての学問的認識全般にとっての重要な認識手段としての「概念 Begriff」が、師であるソクラテス（前四六九―前三九九）によって見出されたことに対する感動がある。事物についての「正しい概念」を見つけ出すことさえできれば、それに対応する「真の存在」を把握することができ、かつ、それに従って、ポリスの市民として正しく振る舞うことができるようになる。ポリスの善き市民としての生き方の理想を追求するギリシア人たちは、概念的思考に基づく学問に励むようになった。

学問的探究の第二の主要な手段としてルネサンス期に発見されたのが、「合理的実験」である。実験は経験を制御するための信頼できる手段であり、これによって今日の経験科学が可能になった。実験を最初に実践したのはレオナルド・ダ・ヴィンチ（一四五二―一五一九）のような芸術の改革者であったが、それがガリレオ（一五六四―一六四二）によって学問の領域に持ち込まれ、ベーコン（一五六一―一六二六）によって理論的に意味付けされた。

精密自然科学が成立した当初は、それによって神が世界に与えた「意味Sinn」が見出されるのではないか、という期待がプロテスタント、特にピューリタンの間に強かったが、ウェーバーに言わせれば、今日では、「学問」によってそうした「意味」を見出せると信じる人はほとんどいない。むしろ「学問」は、そうした「意味」に対する信仰を除去する方向に向かっている。「学問」の歴史をそのように見ているウェーバーからしてみれば、世界の「意味」に通じるような「体験」に憧れて、主知主義・合理主義を否定する同時代の若者たちは、もう一度洞窟に戻ろうとしている囚人のようなものである。彼らは、壁に映っている影こそ真実で、学問が構築した「思考の世界」は人為的抽象から成る影の国であると言わんばかりの、倒錯した態度を取っている。

学問と価値

教師の非党派性

「脱呪術化」を学問の本質的な使命と見なすウェーバーは、教壇に党派性を持ち込むべきではないという立場を鮮明にする。ウェーバー自身が関わっている社会学、歴史学、経済学、国家学等の分野では、研究テーマが、「政治」性を帯びやすい。しかし、政治組織や政党の立場を学問的に分析することと、自らの実践する政治的立場を表明することは全く異なる。教壇に立つ教授は講義の中で、政治集会と同じような語り口で「民主主義」について語るべきではない。自分の個人的見解は抑えて、「民主主義」の種々の形態を挙げ、その各々がどのように違った働きをするか、それらが社会生活にどのような影響を及ぼすかを確定し、更には民主主義の形態を取らない政治秩序と比較して、聴講者が自らの究極の理想から自分の立場を決める手掛かりを得られるようにすべきである。

こうした教師の非党派性に関する彼の見解は、第三章で見た、自らの価値判断を持つこと、文化現象に内在する価値理念や価値関係の問題を探究することを峻別すべきことを強調する方法論上の態度と密接に結び付いている。ただし、研究者としての立場と教師としての立場は異なる。研究者的な視点からは次のように考えられる。自分自身の価値判断を表に出し、異なる立場の論者と議論することによって、自分がどういう価値の体系に拠って立っているのかがより明確に自覚できるようになる。そうした自覚は、社会科学が目指すべき価値自由な認識の基礎になり得る。しかし、教室での学生との関係においては、より抑制的になる必要がある。学生は対等の討論相手ではないからである。ウェーバーは、予言者や扇動家は教壇に立つべきではないと明言する。

予言者や煽動家に向かっては普通「街頭に出て、公衆に説け」といわれる。というのは、つまりそこでは批判が可能だからである。これに反して、かれの批判者ではなくかれの傾聴者にだけ面して立つ教室では、予言者や煽動家としてのかれは沈黙し、これにかわって教師としてのかれが語るのでなければならない。もし教師たるものがこうした事情、つまり学生たちが定められた課程を修了するためにはかれの講義に出席しなければならないということや、また教室には批判者の目をもってかれにたいするなんぴともいないということなどを利用して、それが教師の使命であるにもかかわらず、自分の知識や学問上の経験を聴講者らに役立たせるかわりに、自分の政治的見解をかれらに押しつけようとしたならば、わたくしはそれは教師として無責任きわまることだと思う。（前掲書、五〇頁）

ウェーバーの立場は極めて明快である。「教師 Lehrer」としての「学者」の仕事は、学生たちが自ら学問的な思考ができるようになるよう、前提となる知識を提供することである。（学問的にはまだ半人前であるはずの）彼らを、自分の思想の信奉者・賛同者にしようと試みることは、その使命から大きく逸脱することである。「教師」は、人生や価値の問題に関して、弟子を精神的に導く「指導者 Führer」ではないのであるから、たとえ若者たちの間にそういう期待があるとしても、そういう役割を担おうとしてはならない。むしろ、そういう期待は勘違いであるとして諫《いさ》めるべき立場にある。

帰結という視点からの「明晰さ」

また少しだけ、現代日本の状況に即してコメントしておこう。マルクス主義的な学生運動が盛んだった時代には、「指導者」になろうとする〝教師〟がいる一方で、そうした人たちにウェーバー的な批判を投げかける他の学者・知識人もいた。しかし、近年は、〝元気のない学生に刺激を与える〟という名目の下に、「指導者」的な振る舞いが何となく許容されているきらいがある。

では、教師が伝える学問的な知識は、学生たちの生活にとってどういう意義があるのだろうか？　ウェーバーは三つの可能性を挙げている。一つは、生きて行く中で、外界の事物や他人の行為をどうやって予測して制御するかに関する技術である。第二に、思考の方法と、そのための道具と訓練。第三に、明晰さ（Klarheit）である。一や二は、売り買い可能な商品としての知識以上のものを求めている学生にとっては不満が残る答えだが、三は学生たちの生き方や価値判断にも関わってくる。

ここでウェーバーが言っている「明晰さ」というのは、「目的」と「手段」の関係についての「明晰さ」である。ある社会的な問題に関して、自らの価値判断に基づいて、特定の立場を取らねばならないことがあるとする。その際に、自らが設定した目的に対して、どういう手段が適しているか判断しなければならない。その際に、学問的経験が、どのような手段を取れば、どういう経緯があって、どういう帰結になるか考える助けになる。自らの目的の実現にとっては最適の手段であっても、それを実行すれば、多くの負の帰結が付随してくるかもしれない。それでも、その［目的―手段］連関を正当化することが可能か考えねばならない。帰結という視点から、自らの目的を見直すことも必要になってくる。学問は、このレベルでの「明晰さ」を提供し得る。

すなわち、われわれは諸君につぎのことを言明しうるし、またしなくてはならない。これこれの実際上の立場は、これこれの究極の世界観上の根本的態度――それはただ一つの態度である場合も、複数の異なる態度から構成される場合もありうる――から内的整合性をもって、したがってまた自己欺瞞なしに、その本来の意味をたどって導きだされるのであって、けっして他のこれこれの根本的態度からは導きだされないということがそれである。このことは比喩的にいえばこういうことである。もし君たちがこれこれの立場をとるべく決心すれば、君たちはその特定の神にのみ仕え、他の神には侮辱を与えることになる。なぜなら、君たちが自己に忠実であるかぎり、君たちは、これこれの内的な意味から見て究極の帰結に到達するからである。このような言明をなすことは、すくなくとも原則上可能である。哲学上の各分科や、個別学科のなかでも本質上哲学的なもろもろの原理的研究は、みなそれをめざしている。そして、われわれもまた、われわれの任務をわきまえているかぎり——そしてこのことはここでは当然の前提である——各人にたいしてかれ自身の行為の究極の意味についてみずから責任を負うことを強いることができる、あるいはすくなくも各人にそれができるようにしてやることができる。わたくしとしてはこのことは、各人のまったく個人的な生活にとっても小さな事柄であるとは思えない。（前掲書、六三—六四頁：一部改訳）

教師は、どの「世界観上の根本的態度」を選択すべきか導いてやろう、などという不遜な態度を取るべきではないが、その選択がどういう意味を持っているか、学問的な方法論に即して考えるきっかけを与え、その帰結に対して責任を負うように促すことはできる。ある特定の宗教的あるいはイデオロギー的世界観に強くコミットしている人であれば、自分の教団や党派にとって、都合の悪い事態、考えたくない事態に目を向けさせられることになるかもしれない。そうした学者としての助言は、「明晰さ」と「責任感 Verantwortungsgefühl」を与えるという点で、「道徳的 sittlich」である。ウェーバーはそれこそが、教師としての学者の「義務」だと考える。

「思考の枠組み」を

大学の教師は価値や道徳について教壇で語るべきか、という問題を考える場合、私たちはしばしば、そうした問題には一切言及すべきでないのか、それとも、自らの価値観を積極的に示すことで学生たちに考えることへの刺激を与えた方がいいのか、どちらがより教師としての倫理に適っているのか、という二分法的な発想をしがちである。それに対して、ウェーバーの考え方は、教師自らの価値観を明示するのではなく、学生たちそれぞれに、各人がこれから選択しようとしている、あるいは、選択するかもしれない価値観がどういう意味を持っているのか考えるための思考枠組みを、授業を通して与えることを、教師の倫理的義務と見なしているわけである。

倫理学や政治哲学・法哲学などの規範的な社会科学の議論でしばしば、（現実に生じる可能性がそれほど高いとは思えない）極端な状況を設定して、どういう原理にコミットしている人であれば、どう行動することになるのかシミュレーションするのは、ウェーバーの言っているような意味で、目的と手段の関係を明らかにすることを目指しているからである。有名なトロッコ問題は、その典型である。トロッコが猛スピードで暴走しており、そのまま走り続ければ、線路上で作業している五人が確実に死亡する。その時あなたはたまたま分岐器の近くにいて、線路を切り替えれば、その五人が助かることに気づく。しかし、切り替えられた側の線路にも一人の作業員がいて、切り替えれば、この一人が死亡する。どうすべきか、という問題である。どういう道徳的原理を信奉しているかによって、こうした究極の選択に対する答えは異なってくる。サンデルの「白熱教室」では、討論参加者にそうした問題に答えさせることを通して、自らが拠って立つ原理を自覚させ、それを起点に、「目的―手段」についての理解を深めるという手法が取られている。

神々の闘い

ウェーバーが、「目的―手段」の観点から各人の世界観的態度を再考するよう促すことこそが、教師の道徳的な「使命 Beruf」であると強調する背景には、彼なりの状況認識があった。それは、脱呪術化が進み、人々が自らの生き方を選択できるようになった近代社会では、様々な価値観の対立が不可避だという認識である。先に見たように、「学問」は脱呪術化において中心的な役割を果たしているわけであるから、「学問」に励めば励むほど、脱呪術化に伴う価値観の対立を極めて先鋭化した形で体験することになる。

こんにち世界に存在するさまざまの価値秩序は、たがいに解きがたい争いのなかにあり、このゆえに個々の立場をそれぞれ学問上支持することはそれ自身無意味なことだからである。老ミルはかつてこういったことがある、——いったいわたくしはミルの哲学をほかの点ではあまり高く買わないのだが、しかしこの点ではかれのいうところは正しい。かれはいう、もし純粋な経験から出発するなら、人は多神論に到達するであろう、と。このいい方はあまりに平板でしかも逆説的に聞えるであろう。だが、なおかつそれは真理を語っているのである。（前掲書、五三—五四頁）

ミルというのは功利主義を修正して自由主義と融合したことで知られるジョン・スチュアート・ミル（一八〇六—七三）のことであり、当該の見解は、彼の死後出版された『宗教をめぐる三つのエッセイ』（一八七四）に収められている「有神論」で表明されている。人が何らかの既成の価値秩序に従って考えるのではなく、自分の経験のみに頼って自らの価値秩序を構築していけば、各人の価値秩序は全く異なったものになるだろう、ということである。例えば、あるものは美しくなくても神聖であると考える人がいるかと思えば、美しくないからこそ神聖であると考える人もいる。善ではなくても美しいものがあると考える人、善でないからこそ美しいと考える人もいる。ウェーバーは、そうした美を他の価値と対立させる考え方の例として、「あらゆる価値の転倒」を示唆するニーチェの哲学やフランスの象徴主義の詩人ボードレール（一八二一—六七）の『悪の華』（一八五七）などを挙げている。そうした審美主義的な傾向とは別に、美しくも神聖でも善でもないものこそが、真なるものであるという考え方もあり、これが常識になりつつある、という。

ウェーバーはこうした価値秩序の乱立状態を、「神々の争い Kampf der Götter」と形容する。人間を様々な呪術的な制約から解放すれば、合理的な世界観を共有できるようになるという前提で進んできた近代化が、かえって「神々の争い」を引き起こしている、という皮肉な事態である。（「価値自由」を志向するウェーバー的な意味での）「学問」は、この争いに決着を付けることはできない。できるのは、各人が仕えているのはどの「神」かを明らかにすることだけである。更に言えば、「学問」がいかに「価値自由」を志向しても、「神々の争い」の中で、あらゆる価値秩序に対して中立性を保てるというわけではない。価値秩序を選択している人にとって、「学問」の基盤になっている「主知主義」自体が最悪の悪魔であるかもしれない。「学問」を価値ある「職業」と見なして選ぶこと自体が「価値判断 Werturteil」である。知性主義を悪魔視する人たちが、それに対抗すべくカリスマ的指導者を求めるようになるわけである。

そういう人たちに対してウェーバーは、ゲーテ（一七四九―一八三二）の『ファウスト第Ⅱ部』（一八三二）のメフィストフェレスの言葉を引用して答える：「気をつけなさい。悪魔は年を取っている。だから悪魔を理解するにはお前も年を取らねばならない」。この場合の年を取っているというのは、老獪《ろうかい》だということである。「学問」が悪魔であるとすれば、悪魔に騙されないように、「学問」以上に老獪になる必要がある。つまり、悪魔を避けるのではなく、悪魔の能力と限界を知り、悪魔がどういうやり方をするか予測できるようにしておかねばならない。悪魔を出し抜こうとする人こそ、悪魔の業を自ら習得すべきなのである。

「学問」は悪魔が生み出した業かもしれないが、価値の機軸がない混沌の時代にあって、悪魔や神々の属性を知るために利用できる、確かな武器である。それが、ウェーバーが最終的に見出した、「学問」の存在意義である。

マックス・ウェーバー年譜

年	事項
1864年	プロイセン王国エルフルトに生まれる。父は政治家、母は敬虔なプロテスタントの裕福な家庭に、長男として誕生。
1869年	エルフルトからベルリンへ引っ越す。
1876年	マキャベリの『君主論』を読む。またスピノザ、ショーペンハウエル、カントなどの哲学書に親しむ。
1879年	精力的に資料収集を行い、歴史論文「インド＝ゲルマン諸国民における民族の性格、民族の発展、および民族史についての考察」を執筆。
1882年	大学入学前に王立王妃アウグスタ・ギムナジウムに学ぶ。 ハイデルベルク大学、ベルリン大学等で法律学、経済史等を学ぶ。
1883年	シュトラスブルクにて予備役将校制度の志願兵として1年間の軍隊生活を経験。
1889年	「中世商事会社史」で博士の学位取得。
1893年	マリアンネと結婚。
1894年	30歳の若さでフライブルク大学の経済学正教授として招聘される。

1895年	フライブルク大学での教授就任講演「国民国家と経済政策」で、賛否両論の大きな反響をよぶ。
1898年	前年に急死した実父との確執から神経を病む。大学を休職。サナトリウムで静養する。
1900年頃	病気を理由にハイデルベルク大学を長期休職とする。
1902年	病気が軽快。新たな学問活動を再開する。ヴェルナー・ゾンバルトやエドガー・ヤッフェとともに『社会科学及び社会政策雑誌』の編集に従事する。
	セントルイスの国際学術会議に出席。アメリカのプロテスタント諸派を調査。『プロテスタンティズムの倫理と資本主義の精神』第1章を発表。
1905年	第1次ロシア革命に際し、ロシア語を習得。
1906年	ネッカー川の畔に移り、知的サークルの中心的存在となる。エルンスト・トレルチやカール・ヤスパースらと交流。
	ロシア革命に関する諸論文を執筆・公表。
1911年	『経済と社会』に含まれる諸論文の執筆開始。
	『世界宗教の経済倫理』の研究開始。
1914年	第1次世界大戦勃発。翌1915年にかけてハイデルベルク陸軍野戦病院で軍役に就く。
1915年	『儒教』を発表。（後に『儒教と道教』と改題）

1916年	『ヒンドゥー教と仏教』を発表。
1917年	『古代ユダヤ教』を発表。軍務を退き、学問・研究に専心。「フランクフルト新聞」に戦争に関するドイツ政府と議会システムに関する政治論文を発表。
1918年	「国家社会学の諸問題」、「職業としての学問」を講演。前者は、元原稿が失われたため未公刊、後者の講演内容の出版は1919年。ウィーン大学に招聘される。敗戦を迎える。5月に新聞分載の政治論文に加筆し『新秩序ドイツの議会と政府』を刊行。
1919年	ハイデルベルク大学辞職。ミュンヘン大学正教授に就任。「職業としての政治」を講演。講演内容の出版も1919年。
1920年	ミュンヘンでスペイン風邪による肺炎のため死去。56歳。

あとがき

ウェーバーは、私が大学に入学した頃からずっと関心を持っていた思想家である。「序」でも書いたように、社会学だけでなく、政治学、法学、経済学、歴史学など多岐にわたって活動し、それぞれの分野に大きな影響を残したウェーバーという存在は、非常に魅力的に見えた。院生になって、ドイツの近現代思想史を専門にするようになると、いろいろな文脈でウェーバーという名前に出くわすようになった。ウェーバーの影響は、私の想像をはるかに超えて、いろんなところに広がっていることをしばしば感じさせられた。

ただ、ウェーバーについて自分でまとまったものを書こうという気にはなかなかならなかった。ウェーバーの研究対象が多岐にわたって広がりすぎているので、思想史的に扱う場合、どこに焦点を絞っていいのか見当をつけにくい。社会学方法論に絞るという手があるが、私は社会学者ではない。無論、社会学者でなければ、社会学方法論について書いてはいけないとは思わないが、それにはそれなりの準備が必要である——私は、準備なしに社会学方法論を語るほど、傲慢ではないし、自分の直観を盲信しているわけでもない。彼の社会学方法論がその後のドイツの社会思想や政治哲学に与えた影響について思想史的に研究するという手もあるが、それをちゃんとやるには相当な資料収集が必要である。

加えて、ウェーバー業界の人たちは〝うるさい〟ということがある。特定の偉大な思想家を専門的に研究する人たち、特にドイツ系の思想家を研究する人たちは、専門意識、専門家サークル意識が異様に強く、〝部外者〟が何か変わったことを言うと、すぐに「専門的研究の成果を踏まえない妄言だ！」、と噛みついてくる一般的な傾向がある——日本のドイツ思想研究者は、ドイツ人以上にそういう傾向が強い。カント専門家、ヘーゲル専門家、シェリング専門家、マルクス専門家、ニーチェ専門家、フロイト専門家、フッサール専門家、ハイデガー専門家、ベンヤミン専門家、アドルノ専門家、ルーマン専門家、ハーバマス専門家などが〝うるさい〟というイメージがあるが、ウェーバー専門家は別格である。実際、過去に何度かウェーバーをめぐる〝騒動〟が起こっているし、ウェーバーについての専門的解説書を読んでいると、その手の〝騒動〟の痕跡に出くわすことがある。

私は、〝専門家〟がうるさそうだからといって、発言を控えたりするような人間ではないつもりだが、それはあくまでちゃんと自分なりに確信を持っている場合の話である。あまり確信のないことを軽く語って、騒ぎに巻き込まれるほどバカらしいことはない。何かのついでにウェーバーを論じるというわけにはいかない。

そういうことが念頭にあったので、なかなか食指が動かなかったのだが、講談社現代新書の岡部ひとみ氏から、現代新書の三冊目として、ウェーバーの入門書を書きませんかと誘われて、相談をしているうちに、少しずつ考えが変わっていった。「ウェーバーの仕事は多分野にわたり、テーマごとにいろんな問題を提起しているので、『今こそアーレントを読み直す』でアーレントについて論じたようには書けないだろう」と正直に言ったところ、「ではむしろ、ウェーバーの主要著作に絞って解説するというのではどうですか」、と提案された。そう言われてみると、無理にウェーバー思想の統一像のようなものを描こうとせず、主要著作のいくつかについて、自らも初学者になったつもりで、重要な箇所についてピンポイントで解読していくような形の入門書があってもいいのではないか、という気がしてきた。

言うまでもなく、新書も含めてウェーバーについての解説書は物凄い数が出版されており、現在でも増え続けているが、その多くは、他の専門家の目を意識しているのか、かなり細かい論点に立ち入って論じており、入門書らしくない。また近年は、『プロテスタンティズムの倫理と資本主義の精神』を、社会科学共通の古典として強く推奨する大学教員は激減している。私は一七年近く大学教員をしているが、ウェーバーを——部分的でもいいから——自分で読んだという学部生に出会ったことはない。「ウェーバー」は、ウェーバー専門家のための古典となりつつある。こういう状況にあっては、「ウェーバー解釈の新機軸を提示する！」、というような感じの気負いのない入門書が一冊あってもいいではないか、という自分なりの結論に至った。

ウェーバー通を自称するブロガーやツイッタラーらから、「表面をなぞっているだけ！」とか「本質を語っていない！」、と罵倒されそうな気もするが、元々ウェーバー思想の本質を語るつもりはないし、その手のきいた風な口をききたがる連中のほとんどは、本当に〝通〟を自称しているだけなので、基本的には無視するつもりでいる。文句があるのだったら、自分で、ウェーバーの本質を捉えた、〝真の入門書〟を書いて出版すればいい。

ただ、最初は虚心坦懐にピンポイント解説に徹するつもりでいたのだが、ストレートに言いたいことを言わないで、何度も細かい論点をめぐって迂回しながら、じわじわと進んで行くウェーバーのねじれた文章を分かりやすく噛み砕いて説明しようと思案しているうちに、いろいろと私独特の解釈が入ってくる。また、主要テクストごとに分けて解説するつもりでも、一冊の入門書として書いている以上、ウェーバーのテクスト相互の関係について、私なりの見解をある程度挿入せざるを得ない。本書全体を読めば、随所に、仲正流が出ていることに気づくはずである。

最終章である第四章を『職業としての学問』の解説に充てているが、最初はそれほど強く意図した配置ではなかった。学問論に引き付けた方が現代日本のアクチュアルな状況と対比しやすいのではないか、という程度のことしか考えていなかったのだが、書き進めていくうちに、最後に話題にした、「神々の闘争」状況の中での「教師の道徳的義務」の問題に、ウェーバーが一貫して追究してきたテーマが集約されているのではないか、と考えるようになった。そういう前提でウェーバーの著作全体を読み直すと、見通しがよくなるような気がするが、それをちゃんと論じるには、本書ではあまり触れることができなかった、ニーチェから受けた影響や、ユダヤ教に対する関心などのウェーバー研究の定番テーマも視野に入れねばならないだろう。それは、またの機会にとっておくことにしよう。

二〇一四年六月

金沢大学角間キャンパスにて　　仲正昌樹

写真提供／講談社資料センター

講談社現代新書　2279

マックス・ウェーバーを読《よ》む

二〇一四年八月二〇日第一刷発行　二〇一九年七月一二日第五刷発行

著者　仲《なか》正《まさ》昌《まさ》樹《き》

発行者　渡瀬昌彦
発行所　株式会社講談社
東京都文京区音羽二丁目一二—二一　郵便番号一一二—八〇〇一
電話　〇三—五三九五—三五二一　編集（現代新書）
〇三—五三九五—四四一五　販売
〇三—五三九五—三六一五　業務
装幀者　中島英樹
印刷所　凸版印刷株式会社
製本所　株式会社国宝社
定価はカバーに表示してあります　Printed in Japan

N.D.C. 134.6　244p　18cm
ISBN978-4-06-288279-8

「講談社現代新書」の刊行にあたって

教養は万人が身をもって養い創造すべきものであって、一部の専門家の占有物として、ただ一方的に人々の手もとに配布され伝達されうるものではありません。

しかし、不幸にしてわが国の現状では、教養の重要な養いとなるべき書物は、ほとんど講壇からの天下りや単なる解説に終始し、知識技術を真剣に希求する青少年・学生・一般民衆の根本的な疑問や興味は、けっして十分に答えられ、解きほぐされ、手引きされることがありません。万人の内奥から発した真正の教養への芽ばえが、こうして放置され、むなしく滅びさる運命にゆだねられているのです。

このことは、中・高校だけで教育をおわる人々の成長をはばんでいるだけでなく、大学に進んだり、インテリと目されたりする人々の精神力の健康さえもむしばみ、わが国の文化の実質をまことに脆弱なものにしています。単なる博識以上の根強い思索力・判断力、および確かな技術にささえられた教養を必要とする日本の将来にとって、これは真剣に憂慮されなければならない事態であるといわなければなりません。

わたしたちの「講談社現代新書」は、この事態の克服を意図して計画されたものです。これによってわたしたちは、講壇からの天下りでもなく、単なる解説書でもない、もっぱら万人の魂に生ずる初発的かつ根本的な問題をとらえ、掘り起こし、手引きし、しかも最新の知識への展望を万人に確立させる書物を、新しく世の中に送り出したいと念願しています。

わたしたちは、創業以来民衆を対象とする啓蒙の仕事に専心してきた講談社にとって、これこそもっともふさわしい課題であり、伝統ある出版社としての義務でもあると考えているのです。

一九六四年四月　野間省一

哲学・思想Ⅰ

66 哲学のすすめ——岩崎武雄
159 弁証法はどういう科学か 三浦つとむ
501 ニーチェとの対話——西尾幹二
871 言葉と無意識——丸山圭三郎
898 はじめての構造主義 橋爪大三郎
916 哲学入門一歩前——廣松渉
921 現代思想を読む事典 今村仁司 編
977 哲学の歴史——新田義弘
989 ミシェル・フーコー 内田隆三
1001 今こそマルクスを読み返す 廣松渉
1286 哲学の謎——野矢茂樹
1293 「時間」を哲学する——中島義道
1315 じぶん・この不思議な存在—鷲田清一
1357 新しいヘーゲル——長谷川宏
1383 カントの人間学——中島義道
1401 これがニーチェだ——永井均
1420 無限論の教室——野矢茂樹
1466 ゲーデルの哲学——高橋昌一郎
1575 動物化するポストモダン 東浩紀
1582 ロボットの心——柴田正良
1600 ハイデガー=存在神秘の哲学——古東哲明
1635 これが現象学だ——谷徹
1638 時間は実在するか 入不二基義
1675 ウィトゲンシュタインはこう考えた 鬼界彰夫
1783 スピノザの世界——上野修
1839 読む哲学事典——田島正樹
1948 理性の限界——高橋昌一郎
1957 リアルのゆくえ——大塚英志 東浩紀
1996 今こそアーレントを読み直す——仲正昌樹
2004 はじめての言語ゲーム——橋爪大三郎
2048 知性の限界——高橋昌一郎
2050 超解読! はじめてのヘーゲル『精神現象学』 竹田青嗣 西研
2084 はじめての政治哲学 小川仁志
2099 超解読! はじめてのカント『純粋理性批判』 竹田青嗣
2153 感性の限界——高橋昌一郎
2169 超解読! はじめてのフッサール『現象学の理念』——竹田青嗣
2185 死別の悲しみに向き合う——坂口幸弘
2279 マックス・ウェーバーを読む——仲正昌樹

哲学・思想Ⅱ

宗教

政治・社会

経済・ビジネス

350 経済学はむずかしくない〈第2版〉——都留重人
1596 失敗を生かす仕事術 畑村洋太郎
1624 企業を高めるブランド戦略——田中洋
1641 ゼロからわかる経済の基本——野口旭
1656 コーチングの技術——菅原裕子
1926 不機嫌な職場——高橋克徳 河合太介 永田稔 渡部幹
1992 経済成長という病——平川克美
1997 日本の雇用——大久保幸夫
2010 日本銀行は信用できるか 岩田規久男
2016 職場は感情で変わる 高橋克徳
2036 決算書はここだけ読め！——前川修満
2064 決算書はここだけ読め！キャッシュ・フロー計算書編 前川修満

2125 ビジネスマンのための「行動観察」入門 松波晴人
2148 経済成長神話の終わり アンドリュー・J・サター 中村起子 訳
2171 経済学の犯罪——佐伯啓思
2178 経済学の思考法——小島寛之
2218 会社を変える分析の力 河本薫
2229 ビジネスをつくる仕事 小林敬幸
2235 20代のための「キャリア」と「仕事」入門——塩野誠
2236 部長の資格——米田巖
2240 会社を変える会議の力 杉野幹人
2242 孤独な日銀——白川浩道
2261 変わった世界 変わらない日本——野口悠紀雄
2267 「失敗」の経済政策史 川北隆雄
2300 世界に冠たる中小企業 黒崎誠

2303 「タレント」の時代——酒井崇男
2307 AIの衝撃——小林雅一
2324 〈税金逃れ〉の衝撃 深見浩一郎
2334 介護ビジネスの罠——長岡美代
2350 仕事の技法——田坂広志
2362 トヨタの強さの秘密 酒井崇男
2371 捨てられる銀行——橋本卓典
2412 楽しく学べる「知財」入門——稲穂健市
2416 日本経済入門——野口悠紀雄
2422 捨てられる銀行2 非産運用——橋本卓典
2423 勇敢な日本経済論——髙橋洋一 ぐっちーさん
2425 真説・企業論——中野剛志
2426 東芝解体 電機メーカーが消える日 大西康之

世界の言語・文化・地理

世界史Ⅰ

世界史Ⅱ

J

知的生活のヒント

日本語・日本文化

105 タテ社会の人間関係　中根千枝
293 日本人の意識構造——会田雄次
444 出雲神話——松前健
1193 漢字の字源——阿辻哲次
1200 外国語としての日本語——佐々木瑞枝
1239 武士道とエロス——氏家幹人
1262 「世間」とは何か——阿部謹也
1432 江戸の性風俗——氏家幹人
1448 日本人のしつけは衰退したか——広田照幸
1738 大人のための文章教室　清水義範
1943 なぜ日本人は学ばなくなったのか——齋藤孝
1960 女装と日本人——三橋順子
2006 「空気」と「世間」——鴻上尚史
2013 日本語という外国語　荒川洋平
2067 日本料理の贅沢——神田裕行
2092 新書　沖縄読本——下川裕治 仲村清司　著・編
2127 ラーメンと愛国——速水健朗
2173 日本人のための日本語文法入門——原沢伊都夫
2200 漢字雑談——高島俊男
2233 ユーミンの罪——酒井順子
2304 アイヌ学入門——瀬川拓郎
2309 クール・ジャパン!?　鴻上尚史
2391 げんきな日本論——橋爪大三郎 大澤真幸
2419 京都のおねだん——大野裕之
2440 山本七平の思想——東谷暁